edition suhrkamp

Redaktion: Günther Busch

Bertolt Brecht, geboren am 10. Februar 1898 in Augsburg, starb am 14. August 1956 in Berlin.

Erstmals werden jetzt aus dem Nachlaß Brechts unveröffentlichte Fassungen eines Stücks textkritisch herausgegeben. Damit erscheint der dramatische Erstling *Baal,* der bislang als genialischer Wurf ohne Nachwirkung galt, in neuer Sicht: in drei abgeschlossenen Fassungen, die sich weitgehend vom heute bekannten Buchtext unterscheiden, spiegelt sich die Entwicklung des Dichters. Die erste Fassung, 1918 in Augsburg entstanden, ist die desillusionierende Erwiderung auf Johsts Grabbedrama *Der Einsame,* wobei Brecht dessen Handlungsführung teilweise übernimmt. 1919, in der zweiten Fassung, löst er sich von dem Gegenstand seiner Polemik und kommt zur unbeengten Entfaltung einer eigenen Sprache. Für die Berliner Aufführung im Februar 1926 beschreibt Brecht in einer »dramatischen Biografie« den »Lebenslauf des Mannes Baal«. Baal ist nun als Monteur in einem Autoschuppen angesiedelt; das vertraute Augsburger Milieu ist der Kälte einer technisierten Umwelt gewichen. – Um eine Ausgabe zu schaffen, die auch wissenschaftlichen Ansprüchen genügt, wurden die Fassungen mit den Lesarten ediert; dazu kommen Beschreibungen der Manuskripte und Erläuterungen des Herausgebers.

Bertolt Brecht
Baal
Drei Fassungen

Kritisch ediert und kommentiert von Dieter Schmidt

[handwritten notes:]

herausgeben – publish
Nachlaß – reduction
unveröffentlichte – ~~unpublished~~
Wurf – cast
Nachwirkung – after-effect
Erwiderung – return
lösen – untie
Entfaltung – unfolding
Gegenstand – object
Monteur – mechani
Angabe –, distribution, edition
Ansprüche – claim

Suhrkamp Verlag

edition suhrkamp 170
4. Auflage, 22.–28. Tausend 1969

Inhalt

Erster Teil
Drei Fassungen des Baal

Zweiter Teil
Kritischer Apparat

Erster Teil
Drei Fassungen des Baal

Baal

Theaterstück von Bert Brecht.
[1918]

Inventar:

Baal, lyrischer Dichter.
Seine Mutter.
Johannes, sein Freund.
Anna, dessen Braut.
Ekart, Musiker.
Leute.
Keine Karikaturen.

Letzter Wille.

Dieses Theaterstück behandelt die gewöhnliche Geschichte eines Mannes, der in einer Branntweinschenke einen Hymnus auf den Sommer singt, ohne die Zuschauer ausgesucht zu haben – einschließlich der Folgen des Sommers, des Branntweins und des Gesanges. Der Mann ist kein besonders moderner Dichter. Baal ist von der Natur nicht benachteiligt. Er entstammt der Zeit, die dieses Stück aufführen wird. Erinnert ihr euch der peinlichen Schädel des Sokrates und des Verlaine? Den Schauspielern, die für Extreme schwärmen, wo sie mit Mittelmäßigkeit nicht auskommen: Baal ist weder eine besonders komische noch eine besonders tragische Natur. Er hat den Ernst aller Tiere. Was das Stück betrifft, so hat sein Verfasser nach scharfem Nachdenken eine Tendenz darin entdeckt: Es will beweisen, daß es möglich ist, zu seiner Portion zu kommen, wenn man bezahlen will. Und wenn man nicht bezahlen will. Wenn man eben nur bezahlt ... Das Stück ist weder die Geschichte einer noch die vieler Episoden, sondern die eines Lebens. Es hieß ursprünglich: »Baal frißt! Baal tanzt!! Baal verklärt sich!!!«

Soiree.

Herren und Damen in großer Toilette.

BAAL *durch hintere Flügeltür ein, umgeben von Herrschaften, Sektglas in der Hand:* Meine Damen und Herren, es freut mich, daß Ihnen die unsterblichen Verse, die Ihnen vorzulesen ich die Ehre und Güte hatte, Ihres Beifalls würdig schienen. Entschuldigen Sie übrigens: Ich bin total heiser. *Sieht sich um.*

DIE HERRSCHAFTEN Superbe! Welch ein Ton! Ich finde die
10 Verse ganz himmlisch! Fabelhafte Technik! Diese raffinierte Einfachheit! Bitte eine kleine Erfrischung! Hier, verehrter Meister! *Alle setzen sich, Baal Ehrenplatz.*

GASTGEBER Meine Herrn, ich gestehe Ihnen offen, es hat mich tief empört, einen solchen Mann in so elenden Verhältnissen zu finden. Sie wissen, ich entdeckte unseren lieben Meister in meiner Kanzlei als Schreiber. Ich bezeichne es ohne Angst als Schande für unsere Gesellschaft, derartige Persönlichkeiten für Taglohn arbeiten zu lassen. Ich werde natürlich das Weitere veranlassen. *Zu Baal:* Ihr Genie,
20 mein Herr, jawohl Genie, wird die Welt erobern. Ich bin stolz darauf, daß mein Salon die Wiege Ihres Weltruhmes heißen wird. Ihr Wohl!

BAAL *ißt:* Danke.

HERREN *Die Unterhaltung wird allgemein:* Der Weizen steht auf 49 $^1/_8$. – Fabelhaft. Baumann & Co. stellte schon gestern seine Zahlungen ein.

EIN JUNGER MANN *zu Baal:* Wie machen Sie nur diese verfluchte Naivität, lieber Meister. Machen Sie eigentlich die kleinen Lüderlichkeiten auch eigens hinein, wie Heine?
30 BAAL *ißt.*

EINE JUNGE DAME *mit hochgezogenen Brauen:* Sie erinnern an Walt Whitman. Aber Sie sind bedeutender. Ich finde das.

JEMAND ANDERS Ich finde, Sie haben etwas von Verhaeren. Nicht?

EIN HERR Einiges könnte geradezu von Verlaine oder Wedekind sein. Ich meine das Diabolische!

BAAL *stöhnt und ißt.*

DIE JUNGE DAME Aber Sie haben den Vorzug größerer Dezent-
heit.

DER JUNGE MANN Die Genannten können Sie allesamt ruhig
einstecken, Meister. Die können Ihnen nicht die Schuh ...

EIN MANN Jedenfalls ist er eine bedeutende Hoffnung.

DAME Die breiten Hüte sind völlig unmodern. Ich finde die
kleinen, hohen von Meyer ganz himmlisch.

EIN MANN *erregt:* Es wurde hier soeben die Ansicht ausge-
10 sprochen, Sie seien eine Hoffnung, Meister. Ich stehe nicht
an, das an den Pranger zu stellen. Ich behaupte einfach:
Sie sind eine Erfüllung. Was heißt Hoffnung, ich bin auch
eine Hoffnung.

DER JUNGE MANN *erhoben:* Ich halte Sie einfach geradezu für
den Vorläufer des großen Messias der europäischen Dich-
tung, den wir auf das bestimmteste für die unmittelbar
allernächste Zeit erwarten.

BAAL *ißt.*

GASTGEBER Verehrter Meister, meine Herrschaften, erlauben
20 Sie, daß ein geschätzter Gast dieses Hauses uns einige seiner Dichtungen zum besten gibt, die Ihr Erstaunen erregen
werden. *Beifall.*

DER JUNGE MANN *erhebt sich und liest ein Gedicht von A.
Stramm.*

Rasender Beifall; Gratulation.

GASTGEBER Nun, lieber Meister?

BAAL *trinkt:* Ausgezeichnet!

DER JUNGE MANN *hastig:* Erlauben Sie! *Liest ein Gedicht von
Novotny.*

30 *Rasender Beifall.*

RUFE Genial! Genial! Das Letzte! Welch eine Glut! Ich finde
die Verse ganz himmlisch! Und wie er das so vorträgt!
Dämonisch, und doch: mit Geschmack! Oh, sagen Sie etwas,
Meister!

BAAL *trinkt:* Ganz hübsch. *Peinliches Schweigen.*

DER JUNGE MANN *zerbeißt sich die Lippen, steht immer noch,
dann gepreßt:* Ganz hübsch? Das, das ... *Lächelnd.* Meine
Herrschaften, das ist ein strenges Urteil. Aber, daß jede

14

junge Kunst Mühe hat, sich durchzuringen, dafür ist unser verehrter Meister ja ein exzellentes Beispiel! *Setzt sich.*

BAAL Die Hauptsache ist, daß etwas lebt. *Trinkt.*

DER JUNGE MANN *trinkt auch:* Ich danke Ihnen, Meister. Das war ein großes Wort. Oh, erlauben Sie, daß... *Sucht Zettel.*

BAAL *hastig und schwerfällig:* Oh, bitte, ich kenne Ihre Eigenart jetzt schon. In der Tat, sehr versprechend. Es ist ausgezeichnet, vielleicht besuchen Sie mich einmal. *Trinkt dazwischen.*

DER JUNGE MANN *nervös:* Das ist mehr, als ich... *Liest ein Gedicht von A. Skram.*
Rasender Beifall.

BAAL *in der Stille danach; trinkt, antwortet:* Das ist Quatsch. *Stille.*

DER JUNGE MANN Herr!

EIN HERR *scharf:* Unerhört!

EIN ANDERER Das ist doch ein wenig...

DAME *laut:* Stark!

ANDERE HERRSCHAFTEN Man ist doch immerhin Gast hier. Das ist doch keine Schenke.

DER JUNGE MANN *seine Sachen zitternd zusammensuchend:* Das ist... Das ist... *Pause.*

BAAL *umschauend:* Kann hier niemand auf dem Klavier spielen? Musik tut gut.

HERR *scharf:* Wollen Sie uns uzen?

BAAL Ich? Sie?

GASTGEBER Meine Herrschaften, ich bedaure furchtbar, ein solcher Mißton! *Pause. Alle sehen auf Baal, Tuscheln. Baal trinkt, sieht, die Ellenbogen auf dem Tisch, ins Weite.* Da nach dem Vorgefallenen, das ich tief bedaure, eine Hebung der Stimmung nicht mehr zu erwarten ist, erlaube ich mir die Tafel aufzuheben.

ALLE *außer Baal erheben sich. Der junge Mann sieht zu, äußerst erregt. Man empfiehlt sich schon mit Kichern und kopfschüttelnd.*

BAAL *erhebt sich jetzt, herumschauend, auf die Tafel gestützt – als wolle er reden. Sieht nach der Tür. Setzt sich.*

HERR *im Abgehen dicht an Baal vorbei:* Sie haben sich in der Tat merkwürdig benommen, Herr.

DAME *hinausrauschend:* Die Folgen solcher »Entdeckungen«, hn.

GASTGEBER *laut:* Entschuldigen Sie doch, um Gottes willen. Der Mensch ist ja nicht hinauszubringen.

HERR Das müßte man sehen.

GASTGEBER *zu Baal:* Herr Baal, die Herrschaften empfehlen sich. Sie werden der Ruhe ...

10 BAAL *verbeugt sich.*

EINE GRUPPE HERREN *auf ihn zu:* Herr! – Schämen Sie sich! – Wissen Sie nicht, was sich gehört? – Auf was warten Sie noch? – Flegel!

DER JUNGE MANN *wild:* Bei Philippi sehen wir uns wieder! *Ab.*

BAAL *einsam:* Das ist ja lächerlich! Schämen S i e sich. Was kann ich dafür, wenn dein Wein, den du mir gibst, besoffen macht! Muß ich euren Dreck nicht fressen, um meinen Bauch vollstopfen zu können? Wißt ihr was?

BAAL *setzt sich. Fast alle hinaus. Baal trinkt.*

20 EIN JUNGER MENSCH *Johannes, an der Tür, tritt näher:* Erlauben Sie, daß ich Ihnen mein Bedauern ausdrücke. Diese Leute haben sich wie Schweine benommen. Entschuldigen Sie, darf ich Sie besuchen.

BAAL *brummt:* Lassen Sie mich in Ruhe.

JOHANNES *schnell ab.*

DIENER *räumen ab; das Glas vor Baal bleibt stehen.*

BAAL *stößt mit den Füßen nach ihnen:* Hm?

HAUSMEISTER Darf ich dem Herren die Garderobe bringen? *Erhält einen Fußtritt.* Au! Flegel! Haben Sie nicht gehört,
30 Sie sollen sich entfernen! Haben Sie keine Ohren? Sind Sie besoffen? Was erlauben Sie sich?! Sie versoffenes Genie! *Er retiriert, da Baal ihm nachgeht, ihn in den Bauch stupfend. Die Diener ebenso. Eine Jagd beginnt.*

BAAL Hoppla! Ihr Schweine! Ihr munteren Lieblinge! Ihr teuren Eunuchen! Hopp! Allez! Springhund! *Jagt sie.*

EINER *reißt das Glas weg. Baal auf ihn. Wirft ihn mit Stoß um, die anderen zur Tür.*

HAUSKNECHT *tritt, die Ärmel hoch, mit Schwung herein.*

16

Willst du wohl, du! Hm? *Stürzt auf Baal los. Alle auf Baal los. Knäul. Kampf.*

BAAL *steht inmitten Niedergeschlagener, Flüchtender, zerrauft, siegreich. Schreitet hinaus:* Ich will euch zeigen, wer Herr ist!

Baals Dachkammer.

Sternennacht. Am Fenster Baal und der Jüngling. Sie sehen Himmel.

10 BAAL Wenn man nachts im Gras liegt, ausgebreitet, merkt man, daß die Erde eine Kugel ist und daß wir fliegen und daß es auf dem Stern Mücken gibt, die Parasiten haben.

JÜNGLING Weißt du was von Astronomie?

BAAL Nein. *Pause.*

JÜNGLING Ich habe eine Geliebte, die ist das süßeste Weib, das es gibt.

BAAL Wie ist sie?

JÜNGLING Braun und herrlich. Sie hat onyxglänzende Augen, ganz rein, und eine bräunliche, feine Stirne, mit so zarten
20 Kanten, daß sie durchschimmernd scheinen, einen erdbeerroten Mund, ein schlankes Hälschen, volle dunkle Haare und sehr zarte Glieder, wahrscheinlich, und eine braune glatte Haut. Aber das ist nicht das Wesentliche, sie hat ein lebendiges Herz, das sieht man noch in Händen zucken und pulsen, und sie wird rot, wenn ich lache, und lacht wie eine Taube so gurrend, ganz im Kehlkopf hinten, und ihr Lächeln ist eine kleine Verwirrung, und sie schämt sich, wenn sie etwas Liebes gesagt hat.

BAAL Ist sie unschuldig?

30 JÜNGLING Wunderbar, es gibt viele Grade von Unschuld, nicht, aber sie ist manchmal wie Feuer. Und man würde sich brennen, wollte man es zudecken.

BAAL Ist es wegen des Feuers?

JÜNGLING Ja! Ich liege Nächte lang wach, denn ich meine

manchmal, sie will »es«. Wir könnten uns noch mehr sein.
Manchmal sehe ich sie nachts auf einen Katzensprung. Da
zittert sie in meinen Armen, aber ich kann es nicht tun,
sie ist 17.

BAAL Sie kann das Alter schon haben, aber tue es nicht. Es
ist so schöner, du kannst ihr die Hand berühren oder sie
in die Hüfte fassen.

JÜNGLING Das wage ich nicht.

BAAL Dann tue es nicht, setze dich mit ihr ins Gras und
streichle ihr den Arm. Mit 19 soll die Liebe noch geistig
sein. Fühlst du ihre Knie manchmal, die sicher sehr dünn
sind und graziös und dazu neigen, zu taumeln und einzuknicken? Das ist alles genug, und der dünne Stoff vermehrt den Genuß. Stell dir vor, daß sie weiße Wäsche
trägt über den braunen Gliedern, ein schneeweißes Hemd,
das ihr Kostbarstes sorgsam und keusch einhüllt. Du mußt
dich selbst zu einer Hülle für sie machen, daß nichts
Schmutziges sie befleckt, denn wenn du sie genommen hast,
bleibt nichts von ihr als ein Haufen Fleisch, der immer
begehrt.

JÜNGLING Du sagst nur, was ich immer fühle, ich meinte, es
sei Feigheit, ich sehe, du hältst die Vereinigung auch für
schmutzig.

BAAL Schäme dich, wie kannst du das meinen, nur Schmutzfinken tun das. Wer schmutzige Hände hat, dem ist alles
Schmutz. Es gibt keinen schöneren Genuß als den Körper
eines jungen Weibes. Er darf nicht besudelt werden. Er ist
wild und geschmeidig wie der Leib eines Tigers und doch
sanft und schmeichelnd, voller Wonne und ganz herrlich.
Wenn du die jungfräulichen Hüften umspannst, zuckt
warmes Leben in deinen Händen, und in der Angst und
Seligkeit der Kreatur wirst du zum Gott. Im Tanz durch
Höllen, hopp! und gepeitscht durch Paradiese, hopp! hopp!
Eure Glut schürt sich gegenseitig, zarte und kräftige Hände helfen zitternd den ungebärdigen Gliedern nach. Alle
Sinne taumeln vor Trunkenheit, die warme Nacht füllt
euch und in einander verstrickt, versteckt ihr euch eines im
andern. Du weißt nicht, wessen Herz schlägt, wenn dus

fühlst, und was wie Kampf um Leben und Tod ist, ist die innigste Umarmung.

JÜNGLING Aber das Gesetz verbietet es und die Eltern.

BAAL Wenn du ihnen gehorchen kannst, gehorche, denn die Qual ist furchtbar, die daraus erwächst, aber die Liebe muß alle Schranken durchreißen und auf sich tragen. Wie der Strom das Wehr durchdonnert, sprengt, und auf massigen Schultern mit sich trägt. Aber ihr junger schmaler Leib windet sich in Schmerz, und die köstlichen Hüften
10 zucken vor Wehen. Es muß aus ihr heraus unter Qual, was sie mit Wollust empfing, und ihr Leib zerfällt, und sie wird matt auf den Tod. Darum ist es kein Spiel, und auch darf es niemand verbieten, denn es ist eine Sache eines jeden Menschen selbst, und er kann sterben daran. Aber die Liebe ist wundervoll und für alle Geschlechter gleich herrlich. Sie ist, wie wenn man in eine Orange beißt, daß der Saft einem in die Zähne schießt.

JÜNGLING Deine Zähne sind wie die eines Tieres: Graugelb, massiv, unheimlich.

20 BAAL Und die Liebe ist, wie wenn man seinen nackten Arm in kühlem Teichwasser schwimmen läßt, mit Tang zwischen den Fingern, wie die süße Qual, vor der der Baum trunken, klagend zu singen anhebt, auf dem der wilde Wind reitet, wie ein schlürfendes Ertrinken im Wein, an einem heißen Tag, und ihr Leib rinnt einem wie sehr kühler Wein in alle Lücken und Falten, und die Kraft kracht in den Gelenken, und die Wucht des Anpralls, der nachgegeben wird, ist wie Fliegen gegen Sturm, und es nimmt
30 einem den Atem und preßt einen zusammen, daß die Kraft inwendig noch steigt und übermächtig wird und explodiert, und ihr Leib wälzt sich wie kühler Kies über dich. Aber die Liebe ist auch wie eine Kokosnuß, die gut ist, solange sie frisch ist, und die man ausspeien muß, wenn der Saft ausgequetscht ist und das Fleisch überbleibt, welches bitter schmeckt.

JÜNGLING Du meinst also, ich soll es tun, wenn es so selig ist?

BAAL Ich rate dir: Hüte dich davor.

Feldrain mit Baum.

Baal und der Jüngling Johannes sitzen im Gras.

BAAL Der Bürochef hat mich aus seiner Soiree hinausgeworfen, nachdem er mein Genie entdeckt hatte, weil sein Neffe schlechte Verse vorlas und ich sein Essen, sein Geschwätz, nicht aber seinen Wein und seine Verse vertrug. Aber die gnädige Frau hat er mit hinausgeworfen. Ich erwarte sie.

JOHANNES Ich weiß. Er vertraut ihr. Ich begreife beglückt, daß dir Männerherzen zufliegen. Aber wie kannst d u
10 Glück bei Frauen haben?

BAAL Ich bezahle sie: indem ich ihnen die Hälfte meines Genusses zum Opfer bringe. Ich muß sie überwältigen, aber darnach wollen sie nicht mehr gehen, und da nehmen sie sich dann auch die andere Hälfte meines Genusses: Ich muß sie abtöten.

JOHANNES Was für ein Martyrium muß das gewesen sein!

BAAL Warum . . .

JOHANNES Ich möchte dir meine Braut vorstellen!

BAAL Komm nur.

20 JOHANNES Heute abend?

BAAL *lacht:* Nein. Nächste Woche! *Sieht ihn prüfend an.* Du willst wirklich? – Ach was! Natürlich! Übrigens, da kommt die Frau! *Jüngling mit Händedruck ab.*

SIE Ich konnte kaum weg. Er ist so mißtrauisch.

BAAL Laß dich küssen, Emmy.

SIE Und wie bist du wieder angezogen!

BAAL O das macht nichts! Wir werden im Hotel Fürstenhof speisen.

SIE Da kann ich nicht mit.

30 BAAL Dann gehe ich allein! Gebe mir das Geld!

SIE Welch eine Frechheit! *Küßt ihn.* Süßes Mammut! Aber das mußt du einsehen: es würde einen furchtbarern Eklat geben!

BAAL Brauche ich für meinen Band Lyrik, Beste!

SIE Ich kann doch in dem Aufzug nicht mit dir in deinen Lumpen ins Fürstenhof!

BAAL Dann zieh dich um! Ich helfe dir. Setze dich einstweilen.

SIE Hier!? Wenn man uns sieht!

BAAL Dann gehe ich zum Äußersten! Voriges Jahr auf der Landstraße wollten wir unsere Ruhe haben. Aber Spaziergänger wie daheim Wanzen. Wir zogen uns aus bis auf die Haut. Alle Leute machten einen großen Bogen!

SIE *fliegt auf ihn zu:* O du! Küsse mich!

BAAL Du bekommst Grasflecken in deine Toilette. Dann kann ich sie nicht mehr versetzen, gehen wir ins Hotel Fürstenhof.

SIE Und ich bekomme nicht einmal einen einzigen Kuß?

BAAL Im Hotel Fürstenhof.

SIE Du ruinierst mich!

BAAL Erst morgen! *Führt sie, trägt sie, eilig fort.*

Baals Dachkammer

BAAL *zur Schnapsflasche:* Vorgestern nacht schlief ich bei einer Dame, die sonst vom Teufel geritten wurde. Dabei fiel mir einiges ein. In der Dämmerung erhob ich mich und ging aus dem Hotel, absolut nackt unter dem Mantel, heim. Seitdem habe ich geschrieben und Blut geschwitzt. Damit schrieb ich nämlich. Wer soll das lesen können? Du bist mein einziger Trost, Lethe, aber ich darf noch nicht. Du spiegelst seit 2 Tagen mein Papier und bist unberührt. Ich schone uns, aber dieses Herz will nicht singen aus mir, und die Brust ist verschleimt. Ich bin zur Qual geboren, und ich habe keine Ruhe. Blut füllt mir die Augen, und meine Hände zittern wie Laub. Ich will etwas gebären! Ich will etwas gebären! Mein Herz schlägt ganz schnell und matt. Aber mitunter dumpf wie ein Pferdefuß, du weißt! Der Geruch der wilden Mainächte ist in mir. Die Liebe ist wie ein Strudel, der einem die Kleider vom Leibe reißt und einen nackt begräbt, nachdem man Him-

mel gesehen hat, blaue, unermeßliche, nichts als Himmel, blauen, unersättlichen, offenen. Der Sommer singt aus mir mit einer sanften und lauthallenden Stimme, wie die von Frauen beim Pflügen, und mein eigener Leib ist voll fremder Unruhe, ich liebe keine Lethe, aber ich bin ein großer Liebender, Gott weiß, daß ich es ernst nehme, ich gehe immer aufs Ganze. Ich verschmähe die romantische Schwärmerei, warum wird dieses Werk nicht fertig, dieses gottgewollte, verfluchte, selige, gefräßige! Musik quillt aus
10 mir, ich kann sie nicht halten, sie verzittert im Sand wie ein fruchtbarer Quell, und ich dorre darüber aus.

BAAL *erhebt sich mühsam, ans Fenster:* Morgenluft. Wie Ameisen, diese überflüssigen Menschlein, immerhin: Es sind Zuschauer. Ein Zug Luft in die Lungen! Dann weitergeschuftet! Ich will den Sommer formen! Wild, rot, gefräßig. Einen blauen Himmel drüber, der lastet, eine Last von Himmel darüber! Die Bäume schwitzen nachts. Tau. *Sich wendend, greift er taumelnd an die Brust.* Verdammt! Das Herz! Jetzt sind es erst 3 Nächte und 2 Akte und
20 schon? Unsinn. Stillgestanden, sagt der liebe Gott erst darnach. Er quetscht doch alles aus einem raus sonst! Der Hamster! *Fällt auf einen Stuhl nach vorn, stöhnt.*

MUTTER *draußen:* Was ist, Baal? Was schreist du wieder? Seit gestern nacht hab ich kein Auge zugetan! Warum riegelst du wieder zu? Hast du wieder einmal ein Mensch drinnen? Die eigene Mutter aussperren! Das ist viehisch! Aber das sieht dir ja so gleich! O du! *Schluchzt draußen.*

BAAL Es ist ja auf, Mutter! Ich bin ein wenig unwohl.

MUTTER *tritt ein:* Das glaube ich! Du trinkst schon wieder!
30 O du Schwamm! Anstatt daß du arbeiten würdest und deiner alten Mutter das Leben nicht zu einer Hölle machtest! Es i s t eine Hölle. *Nimmt die Tinte weg.*

BAAL Mutter, ich bin krank.

MUTTER Betrunken bist du! Und deine Faulheit stinkt zum Himmel, seit 3 Tagen hast du nicht einen Schritt ins Büro getan, und mit deinem Chef muß auch etwas spucken. Hör doch auf mit dem Geschnaufe! Das kenne ich anfangs! Darf ich schnaufen? Da flackt er da wie ein Tier und bricht

zusammen, in Schweiß gebadet, und zittert, als habe er
Gott weiß was gearbeitet, und derweil ist er vollgesoffen
wie ein Schwamm und hat nichts getan, als geträumt und
die verfluchte Tint! Und ich weiß nicht, woher den Miet-
zins bezahlen für den Herrn Sohn, was habe ich denn für
all meine Mühe und Plage, von früh 5 bis nachts 11, waschen und nähen und Fußtritte und d i e s e Hände! Noch
nicht eine Freude habe ich an dir gehabt, seit du lebst!

BAAL Aber vorher, Mutter!

10 MUTTER *weint:* O du Gotteslästerer. D a s ist es! Und wie
hab ich dafür gebüßt...

BAAL *weicher:* Mutter!

MUTTER Aber du weißt ja nicht... Du bist ja so sinnlos besoffen. *Schaut die Flasche an und bricht in ein Gelächter
aus. Triumphierend.* Hahaha! Das ist ausgezeichnet! Jetzt
hat er justament die falsche Flasche erwischt, die ich mit
klarem Brunnenwasser gefüllt habe! *Zur Besinnung gekommen.* Aber dann kannst du ja nicht... *Rüttelt ihn.*
Was ist mit dir? He! Warum zitterst du so? Antworte
20 doch! Wenn du nicht getrunken hast, warum sagst du es
dann nicht? Deine Verstocktheit und Bosheit bringt mich
noch untern Boden. Dann wirst du ihn mit deinen Nägeln
aufkratzen wollen, wenn du noch welche hast bei deiner
Lebensweise!

DER AMTSBOTE *kommt mit dem blauen Brief:* Herr Incipient,
vom Rentamt, ich bekomme 20 Pfg. Frau Baal! *Näher tretend.* Aber wie schaut der Herr Incipient denn aus! Ist er
krank! Warum meldet er nichts, daß er krank ist? So meint
man eben... *Richtet ihn auf, da er vom Stuhl gesunken
30 ist, trocknet ihm die Stirn.* Ein Anfall, wie? *Schleppt ihn
zum Bett.* Nicht geschlafen? Herr Incipient!

MUTTER *hat den Brief geöffnet, tonlos:* Jetzt ist alles aus.
Fährt sich mit der Hand über die Stirn, besinnungslos.

AMTSBOTE Geben Sie her! Entlassen? *Pause.*

BAAL Wie heißt es?

AMTSBOTE Da für Genies Ihrer Sorte eine so ermüdende Arbeit wie die eines Schreibers, die Sie ja selbst tagelang fliehen, nicht mit dem Verantwortlichkeitsgefühl der Behörde

vereinbar ist, sind Sie ab 1. Juni aus dem Dienst der Stadt entlassen. Unterschrift: Der Chef selbst. Es tut mir leid, Herr Incipient, bzw. Baal!

BAAL Gehen Sie nur!

AMTSBOTE *ab:* Unter diesen Umständen verzichte ich auf die 20 Pfennige. Obwohl ich auch leben muß. Habe die Ehre. *Ab. Pause.*

BAAL *hebt sich mühsam hoch:* Mutter! Entschuldige! *Sieht sie, steht langsam auf, geht schwankend zu ihr, legt den*
10 *Arm um sie.* Nicht weinen, Mutter!

MUTTER *umarmt ihn schluchzend:* O Baal. *Pause.*

BAAL Ich werde Lyrik verkaufen!

MUTTER Du willst mich stützen und hältst dich an mir an ...

JÜNGLING *mit seinem Mädchen tritt ein:* Meister, meine Braut.

BAAL *bezwingt sich, frei:* Darf ich bitten? Mutter, das ist mein Freund!

MUTTER *gibt ihm scheu die Hand, knickst vor dem Mädchen, ab.*
20 BAAL Es freut mich, Sie zu sehen!

Wirtsstube.

Bürger. Im Hintergrund Baal und der Jüngling Johannes.

1. BÜRGER Ein Mensch, der nicht arbeitet, ist ein Geschwür an dem gesunden Leib der Gemeinde und muß ausgeschnitten werden.

2. BÜRGER Drückt es so aus: Ein Luxus! Ein Luxus!

1. BÜRGER Es ist doch ganz einfach: Ist er nötig oder nicht? Er ist nicht nötig. Gedichte sind nicht nötig. Ich habe den Quatsch nie gelesen und bin ganz zufrieden, dagegen weiß
30 ich mehr als einen, der Hunger leidet – m i t Poesie.

3. BÜRGER Das ist die Frage mit dem »Genie«.

1. BÜRGER Das ist nur für die Genies eine Frage. Ja, und wenn: Was meint ihr, singt ein Frosch, wenn er ein Genie

24

ist? Von der Pfütze, sage ich euch, macht es so: tut die
Kerls in Käfige, gebt ihnen zu saufen und kehrt abends
die Gedichte raus wie die Exkremente im Tiergarten. Das
hat Sinn und ist ungefährlich. Das entspricht auch meinen
Forderungen an einen strengen militaristischen Staat.

3. BÜRGER Pst! Leiser! Die hören ja zu!

1. BÜRGER Sollen sie! Sollen sie! *Schreit.* Ich fürchte mich
durchaus nicht, ich sage meine Grundsätze jedermann. Sie
sind darnach! Außerdem haben wir hier zu Lande Polizei.
Wir sind Gott sei Dank noch freie Bürger!

BAAL *erhebt sich, kommt zu ihnen:* Weiter! Keine Angst!

1. BÜRGER *betreten:* Ich habe Sie nicht gerufen.

4. BÜRGER *steht auf, kommt her, lächelnd, den anderen Blik-
ke zuwerfend:* Verehrter Herr, erlauben Sie, daß ich Sie
bitte, uns vielleicht etwas zum besten zu geben?

BÜRGER Ganz richtig! Bravo! Zieren Sie sich nicht!

3. BÜRGER Und nur nicht zimpferlich! Wir vertragen verschie-
denes. Wir sind keine Spießbürger.

BAAL Wünschen Sie eine Schweinerei?

4. BÜRGER Am liebsten, bravo!

BAAL *lächelt, wendet sich, setzt sich und liest die Ballade von
der Dirne Evlyn Roe. Man hört zunächst noch eine Park-
gesellschaft im Hintergrund lärmen. Sie werden nieder-
gezischt im Laufe des Vortrags. Die Herren werden nach
und nach gepackt.*

DIE LEGENDE DER DIRNE EVLYN ROE.

Als der Frühling kam und das Meer war blau
da fand sie nimmer Ruh –
Da kam mit dem letzten Boot an Bord
die junge Evlyn Roe.

Sie trug ein härnes Tuch auf dem Leib,
der schöner als irdisch war.
Sie trug kein andres Gold und Geschmeid
als ihr wunderreiches Haar.

»Herr Kapitän, laß mich mit dir ins heilge Land fahrn
Ich muß zu Jeses Christ.«
»Du sollst mitfahrn, Weib, weil wir Narrn
und du so herrlich bist.«

»Er lohns Euch. Ich bin nur ein arm Weib.
Mein Seel gehört dem Herrn Jesu Christ.«
»So gib uns deinen süßen Leib!
Denn der Herr, den du liebst, kann das nimmermehr zahln:
weil er gestorben ist.«

10   Sie fuhren hin in Sonn und Wind
     und liebten Evlyn Roe.
     Sie aß ihr Brot und trank ihren Wein
     und weinte immer dazu.

     Sie tanzten nachts. Sie tanzten tags
     Sie ließen das Steuern sein.
     Evlyn Roe war so scheu und so weich:
     Sie waren härter als Stein.

     Der Frühling ging. Der Sommer schwand.
     Sie lief wohl nachts mit zerfetztem Schuh
20   von Raa zu Raa und starrte ins Grau
     und suchte einen stillen Strand,
     die arme Evlyn Roe.

     Sie tanzte nachts. Sie tanzte tags.
     Da ward sie wie ein Sieches matt.
     »Herr Kapitän, wann kommen wir
     in des Herrn heilige Stadt?«

     Der Kapitän lag in ihrem Schoß
     und küßte und lachte dazu:
     »Und ist wer schuld, daß wir nie hinkommen:
30   So ist es Evlyn Roe.«

     Sie tanzte nachts. Sie tanzte tags.

Da ward sie wie ein Leichnam matt.
Und vom Kapitän bis zum jüngsten Boy
hatten sie alle satt.

Sie trug ein seiden Gewand auf dem Leib,
der siech und voll Schwielen war
und trug auf der entstellten Stirn
ein schmutzzerwühltes Haar.

»Nie seh' ich dich Herr Jesus Christ
mit meinem sündigen Leib.
10   Du darfst nicht gehn zu einer Hur
und bin ein so arm Weib.«

Sie lief wohl lang von Raa zu Raa
und Herz und Fuß tat ihr weh:
Sie ging wohl nachts, wenn's keiner sah,
Sie ging wohl nachts in die See.

Das war im kühlen Januar
Sie schwamm einen weiten Weg hinauf
und erst im März oder im April
brechen die Blüten auf.

20   Sie ließ sich den dunklen Wellen und die
wuschen sie weiß und rein
Nun wird sie wohl vor dem Kapitän
im heiligen Lande sein.

Als im Frühling sie in den Himmel kam
schlug Petrus die Tür ihr zu;
Gott hat mir gesagt: Ich will nit han
Die Dirne Evlyn Roe.

Doch als sie in die Hölle kam
sie riegeln die Türen zu:
30   Der Teufel schrie: Ich will nit han
Die fromme Evlyn Roe.

27

Da ging sie durch Wind und Sternenraum
und wanderte immer zu
Spät abends durchs Feld sah ich sie schon gehn:
Sie wankte oft. Nie blieb sie stehen.
Die arme Evlyn Roe.

4. BÜRGER *als Baal geendet, expulsiv:* Bravo! Bravissimo!
Kellnerin, ein Glas Wein für den Dichter. Also bravo, na
wirds bald.

KELLNERIN *wie gelähmt, hat neben Baal gestanden und starrt*
ins Weite: Das ist so schön, so schön. *Geht rasch den Wein*
holen.

2. BÜRGER *steht auf, geht den andern voran und legt ihm*
die Hand auf die Schulter: Bravo, sehr schön. Also wirklich. Aber Sie sollten auf Ihre Gesundheit mehr achthaben,
Sie regen sich zu sehr auf, es ruiniert Sie, glauben Sie mir,
ich habe mich einmal bei einer Rede über die Polizeistunde
für Gasthäuser fast ruiniert. Ich meine es gut mit Ihnen,
mir kanns schließlich doch gleich bleiben.

EINIGE Ja uns kanns schließlich doch gleich sein.

3. BÜRGER *gerührt:* Wie mich das gerührt hat! Und ist doch
nur so zusammen stilisiertes Zeug. Mir rollen direkt die
Tränen in den Mund. Entschuldigen Sie! Ich habe ein so
weiches Herz. *Kneift die Kellnerin, die das Glas Wein*
bringt, gerührt in den Hintern.

4. BÜRGER Trinken Sie, trinken Sie! Sie sehen, wir sind nicht
halb so schlimm, als wir ausschauen. Wir haben Achtung
vor jeder Leistung, seis auch auf weniger wichtigen Ge-
bieten. Aber geben Sie mir jetzt Ihre Hand: Wollen Sie
jetzt ein ordentlicher Mensch werden? Auch wenn es
schwer fällt? Ich weiß, es f ä l l t schwer. Aber Sie haben
uns im Rücken, geben Sie mir die Hand darauf, Sie brauchen mir nur die Hand zu geben. Hören Sie mit dem
Schreiben auf und warten Sie damit, bis Sie durch Ihrer
Hände Arbeit eine gesicherte Stellung erobert haben, dann
können Sie meinetwegen in Ihren freien Stunden unsterb-
lich werden. Aber zuerst immer die ernste Arbeit.

BAAL *hat den Wein getrunken und prustet los, als hätte er sich*

verschluckt. Alle patschen ihm den Rücken: Danke, meine
Herrn! Vielen Dank! Es geht schon wieder.

EINER *kleiner Herr vom Tarocktisch ist herangetreten:* Ich
möchte mir gestatten, Sie, da soeben ein Platz freigewor-
den ist, zum Mittarocken einzuladen. Ich versichere Sie,
Sie haben auf die Herren, die durchwegs 1. Kreisen ange-
hören, den besten Eindruck gemacht.

BAAL Ich danke Ihnen, ich kann nicht tarocken. *Der Herr ab.
Die Gesellschaft bricht auf.* Na wir wollen uns gemütlich
10 zusammensetzen, wie!? *Marie weint.*

EINIGE HERREN *brechen rasch auf:* Leider, die vorgerückte
Stunde ... Bedauere sehr ... Sie wissen schon, man hat
Verpflichtungen. Wünsche guten Abend ... Habe die Ehre
... *Die meisten bis auf den 2., 3. und 4. Bürger ab.*

BAAL *dazwischen hinein stellt Johannes vor:* Johannes Meyer.
*Die Herren stellen sich vor. Baal stellt Ekart, einen dürren
ausgezehrten Gesellen in schäbigen Kleidern vor.* Herr
Ekart, ein genialer Komponist auf der Durchreise! *Die
Herren verbeugen sich stumm.* Setzen wir uns! Marie,
20 setz dich! *Macht ihr Platz neben ihm. Die Herren rücken
etwas ab.*

MARIE Das war so wun-der-bar ganz wie im Leben. *Starrt
mit den Armen auf dem Tisch ins Weite.*

BAAL *gibt ihr zu trinken. Sie trinkt viel:* Trink, du verrücktes
Huhn!

2. BÜRGER Ja die Kunst verschönert das Leben. Prosit!

EKART *scharf:* Ist das von Ihnen?

BAAL Trink, Junge.

4. BÜRGER Wenn S i e sich auf etwas Nützliches werfen, Sie
30 brächten es zu was! Einen Kopf sollte man eben haben. So
wie S i e !

BAAL Machen Sie sich nichts draus, dazu gehört auch ein
Bauch und das übrige! Prosit, Marie!

3. BÜRGER Und daß Sie sich gar nicht genieren, das so vorzutragen, so, so, nehmen Sie nicht übel: schamlos! Das ist
auch eine Kunst! Was hat m i r meine Schamhaftigkeit
schon geschadet. Was, Fräulein Marie!? Immer drauf und
los! Das wäre das Richtige!

2. BÜRGER Du bist auch immer so ein halber Künstler gewesen. Er spielt wundervoll Mundharmonika, ja darin ist er ein ganz großer Künstler!

3. BÜRGER Aber was hilft das, Kunst!? Wenn man sonst unglücklich ist i m L e b e n ! *Enthusiastisch.* Ich gebe meine ganze Kunst gegen einen Kuß aus Ihrem Munde, Fräulein Marie!

MARIE *lehnt die Wange an Baal, ist verliebt und betrunken:* Bleibst du bei mir?

10 BAAL Gern! 5 mal! Prachtvolles Fleisch, und wie die arbeitet, das ist phänomenal. Man muß ihr nur tüchtig einheizen! Sie erlauben, daß ich Ihren Wein sohin auf nützliche und doch schöne Art verwende. Hopp, Tierchen, lauf, hol dir Wein! *Marie müd zum Büffet.*

4. BÜRGER *steht auf:* Sie sind auch nicht moralisch zu heben.

EKART O Sie brauchen ihm nur Ihre liebe Frau zu schicken!

3. BÜRGER *steht auf:* Das hätten Sie nicht sagen sollen, Herr Komponist.

2. BÜRGER *steht auf:* Gestatten Sie! *Ziehen die Mäntel an.*

20 BAAL Halt! Bezahlen! Mariechen, haben sie unseren Wein bezahlt?

4. BÜRGER *empört:* Sie glauben doch nicht, Sie glauben doch nicht, ich bezahle Ihre Bacchanalien.

3. BÜRGER *kichernd:* Jetzt das ist originell!

2. BÜRGER Na gehen wir, besoffen.

BAAL *steht auf. Breitet sich vor der Tür aus:* Erst zahlen. Ich hätte mir keinen Wein geleistet. Sie wollen nicht? Das ist spaßhaft. Das ist doch ganz originell. Wie! Sieht Ihnen gar nicht gleich. Wie? Da sieh mal. Es revoltiert. Es maust sich!

30 *Geht auf ihn zu, stupft ihn.* Sehen Sie zu, daß Ihre Frau sich nicht erkältet! Oder daß ihr nicht zu heiß wird! Haben Sie Garantien? Stellen Sie sich vor, Sie bleiben eine Nacht aus! Wo waren Sie? O Sie Lüstling! In Ihren Jahren! Sie haben ja schon einen ganz kahlen Kopf, Sie können jede Minute einen Schlagfluß kriegen! Passen Sie auf vor Erregung, Sie sind jetzt schon blau wie eine gesottene Cabeljau, machen Sie keine Dummheiten! Haha! *Lacht fortwährend breit und meckernd.*

4. BÜRGER *unterdessen:* Was erlauben Sie sich, stillgestanden, lassen Sie das doch! Machen Sie keine Scherze! Hilfe! Hilfe! Ich bezahle! *Wirft das Geld hin.*

JOHANNES Baal!

BAAL *herrisch:* He! *Bürger ab.*

4. BÜRGER *unter der Türe:* Sie werden von mir hören. Sie Raubmörder! *Ab.*

BAAL Marie her! *Nimmt sie wieder auf den Schoß.*

EKART Du solltest mit mir gehen. Landstraße. Heuböden. Und die Wilden, das frischt das Blut auf. Weißt du noch, wie der Himmel aussieht? Du bist ein Fettklumpen geworden! *Steht auf, breitet die Arme.* Komm mit mir! Musik! Tanz! Regen bis auf die Haut! Sonne bis auf die Haut! Heu in den Ärmeln! Du verkommst hier!

JOHANNES Laß dich nicht verführen! Bleib, wo du bist, es wird besser gehen! Denk an deine Mutter! Sei stark! Sie sind der Teufel!

EKART Komm mit! Wie 2 weiße Tauben fliegen wir selig ins Blau. Seen und Bäume, Gottesäcker im Wind und Landstraßen und Staub und der Geruch der Felder! Hier wirst du krank, Baal!

BAAL Es geht nicht, Ekart. Es geht noch nicht. Marie geht nicht mit!

EKART So fahr zum Teufel, du abtrünniger Kindskopf mit dem Fettherz. *Ab.*

JOHANNES Willst du nicht gehen, Baal? *Leise.* Ich hatte dir morgen abend Anna bringen wollen. Du solltest ihr vorlesen. Du weißt noch!

BAAL Tu ich auch, trink, Marie! Morgen abend! Also Adios!

JOHANNES So? Was willst du mit dem Weib?

BAAL Fröhlich sein, satt werden! Vergessen und zeugen.

JOHANNES Du bist betrunken, Baal!

BAAL Immer, geh!

JOHANNES Wie willst du so Anna begegnen? So ihr in die Augen schauen?!

BAAL *grinst seltsam, erhebt sich langsam, läßt Marie auf die Bank gleiten, sie schläft:* Armes Ding! *Zu Johannes:* Du bist mein guter Engel. *Auf ihn gestützt, langsam und schwankend ab.*

Baals Kammer.

Abend. Es regnet. Baal. Anna. Johannes.

ANNA Das ist wundervoll, Herr Baal. Aber warum bist du so bleich, Johannes?

JOHANNES Laß mich! Deine Wangen sind selbst tränenbenetzt.

BAAL Wie alt sind Sie, Anna?

ANNA Siebzehn war ich im Juni.

BAAL Es macht Spaß, Ihnen vorzulesen. Sieht man Sie an, ist
10 es, als trinke man Wein. Was für junge Augen Sie haben!

JOHANNES Du bist für sie wie der liebe Gott!

ANNA Und denken Sie: Er ist auf den lieben Gott eifersüchtig! *Lacht.*

JOHANNES *nimmt ihre Hand:* Willst du nicht noch ein Gedicht lesen? Sie hört es so gern!

BAAL Wenn ich eines finde. *Er sucht im Hintergrund.*

JOHANNES Übrigens, ich muß gehen. Leider. Willst du noch bleiben?

ANNA Nur noch das Gedicht!

20 JOHANNES Dann gehe ich also allein! *Erhebt sich.*

ANNA Jetzt bist du beleidigt! Gehen wir!

JOHANNES Nein. Nein. Bleib. Hörst du, ich will es! Baal, ich muß fort.

BAAL So? Es regnet. Da hab ich eines.

JOHANNES Anna bleibt inzwischen, wenn du erlaubst. Ich hole sie dann mit einem Schirm ab.

ANNA *steht auf:* Ach nein, ich begleite dich natürlich.

JOHANNES Du würdest tropfnaß. Baal hat keinen Schirm.

BAAL Ach so, du gehst nur einen Schirm holen?

30 JOHANNES Ich komme wieder. *Schnell ab.*

BAAL Unsinn.

ANNA Er war so erregt. Ich will ihn rufen.

BAAL Bitte. *Zum Fenster. Macht es auf. Sieht hinaus.* Na, sehen Sie doch, wie er läuft! Mitten durch den Regen. *Lacht, schaut hinaus.* Hopp! Hopp! *Schnell weg, als Anna neben ihm hinausschaut.*

ANNA Was haben Sie!

BAAL Ich wollte nur das Fenster zumachen. *Murmelnd.*

ANNA Tun Sie's doch! Es regnet ja herein!

BAAL Bitte, tun S i e es! *Sie tut's.*

ANNA Er ist ein so guter Mensch. Sie dürfen ihn nicht auslachen!

BAAL *auf sie zu. Streicht ihr sorgsam übers Haar:* Tu ich ja nicht. Er ist ein netter Bursche. Haben Sie ihn ordentlich lieb?

ANNA Ich glaube schon.

BAAL Das müssen Sie.

ANNA Er ist nicht so bedeutend. Das sagt er auch selbst.

BAAL Darauf kommt es nicht an. Sieht es bei ihm s o aus? *Zeigt in die unordentliche Stube.*

ANNA Ich weiß nicht.

BAAL Ach so. Verzeihen Sie! Das können Sie nicht wissen. Aber es sieht ganz anders aus, wissen Sie.

ANNA Er bewundert Sie so! Seit er Sie kennt, ist er ganz anders. Er sagt nur, i c h schwärme für Sie. Aber in Wirklichkeit tut er es. Wie ein Mädchen!

BAAL Sind Sie eifersüchtig? *Lacht.*

ANNA Manchmal sehr.

BAAL Setzen Sie sich! *Zündet neben ihr die Lampe an.* Hören Sie: Ich will Ihnen etwas über die Liebe vorlesen. Wollen Sie? *Sie nickt. Er liest.* Die Liebe ist, wie wenn man seinen nackten Arm in kühlem Teichwasser schwimmen läßt, zwischen den Fingern Tang, wie ein Ersaufen in Wein an einem heißen Tag. *Pause.*

ANNA Es ist sehr schön. Aber Sie erregen sich zu sehr, Herr Baal! Ihre Hände zittern wie Laub!

BAAL Ich sollte nicht so viel trinken. Aber hören Sie: Wie die süße Qual, vor der ein trunkener Baum knarzend zu singen anhebt, wenn der wilde Wind auf ihm reitet. Was anders! *Blättert.*

ANNA Warum? Das ist ganz, wie es ist. Aber: Verzeihen Sie! Das quält mich: Verderben Sie auch nicht Ihre Augen? Warum sitzen Sie so weit vom Licht? *Will ihm die Lampe bringen.*

BAAL Bitte, lassen Sie die Lampe stehen!

ANNA *dicht bei ihm:* Bitte. Ich dachte.

BAAL Ich liebe das Dunkle.

ANNA Sie sind so sonderbar. *Trägt die Lampe zurück.*

BAAL *sieht ihr verblüfft nach. Lacht:* Warum tragen Sie eigentlich die Lampe nur so herum?

ANNA Na, also wissen Sie! – Aber wenn Sie nicht gern lesen, wollen wir ein wenig plaudern? Hans muß doch bald kommen.

10 BAAL Nein. Ich will lieber lesen. Hören Sie: Mongolensage. In jenem Jahre bog der Abendhimmel sich manchmal unter ungeheurer Glut, die ihn   brennen mußte. Aber so tun Sie doch den Kopf von der Lampe weg, Fräulein. Das Haar fängt Ihnen noch Feuer!

ANNA *erstaunt:* Entschuldigen Sie.

BAAL Ich bitte um Entschuldigung. Ich bin . . . *Liest.* Angst trieb die alten Bauern aus ihren Dörfern nach Norden. *Mit einem Ruck.* Es geht nicht. Entschuldigung. Wir wollen ihm entgegengehen. *Bleibt breit sitzen, geduckt.*

20 ANNA *erhebt sich:* Bitte! Ich glaube auch. Hier störe ich Sie sicher nur.

BAAL Ja. Tatsächlich! *Lacht dumpf, erhebt sich.* Aber so können wir doch nicht. Einen Schirm. Und meinen Hut. So kommen Sie nicht mit mir. So, ohne Hut, komisch! Was! Das wäre so etwas! Mit einem Mann ohne Hut! *Lacht, sucht überall täppisch herum.* Wo nur der Schirm . . .? Sie werden ja naß bis auf die Haut. Ich liebe . . . So können Sie nicht hinaus! Das ganze Kleid geht zum Teufel! Sie werden naß bis auf die Haut. *Er fährt sich, still stehend,*
30 *über die Stirne.* Haut . . . *Stürzt auf sie zu. Sie schreit auf.* Vorhang.

Baals Kammer.

Morgendämmerung. Baal und Anna (auf dem Bettrand sitzend).

ANNA Oh, was habe ich getan. Ich bin schlecht.

BAAL Laß das Geflenne! Zieh dich an, sorg, daß es daheim niemand merkt. Und mach rasch!

ANNA Ich weiß noch gar nicht, wie ...

BAAL Er ist an allem schuld. Schleppt dich rauf, schmeißt dich auf mein Bett, rennt weg. Und bringt eine Ewigkeit den Schirm nicht.

ANNA *leis:* Wenn er da war ...

BAAL Hoffentlich horchte er nicht. Hm. Ich bin saumäßig müd. Überangestrengt. *Legt sich nieder.*

ANNA Willst du nicht das Fenster aufmachen?

BAAL Bitte sehr! *Bleibt liegen.* Was meinst du zu einer frischen Auflage? Hin ist hin.

ANNA Daß Sie so gemein sein können.

BAAL *faul auf dem Bett:* Entschuldige.

ANNA So helfen Sie mir doch wenigstens mein Leibchen suchen. Ich kann doch so nicht ...

BAAL *hält es ihr hin:* Da.

ANNA *seltsam:* Heim, wollte ich sagen. *Läßt es fallen. Zieht sich dann an.*

BAAL *pfeift:* Ein wildes Geschöpf bist du. Mir tut alles weh. Herrliche Beine hast du! Gib mir einen Kuß.

ANNA *ist angezogen. Steht am Tisch, mitten im Zimmer, versunken. Mit dünner Stimme, atemlos:* Hast du mich lieb? *Baal pfeift und wendet den Kopf.* Bei deiner Mutter: Sag es mir! Daß du mich lieb hast! *Pause.*

BAAL Weißt du was: Ich hab es satt!

ANNA *räumt gedankenlos den Tisch ab:* Und du hattest mich nie ... gern?

BAAL Ach was, Dummheiten! Gib mir einen Kuß und mach, daß du heimkommst! Dem Johannes kannst du sagen, ich hätte dich gestern heimgebracht und sei auf ihn zornig. *Wickelt sich in die Decke.*

ANNA *schwer zur Tür:* Johannes . . . *Ab.*

BAAL *kehrt sich scharf um:* Zum Teufel! Geht die einfach! *Springt raus, öffnet die Tür, ruft:* Anna! Anna! *Zum Fenster.* Da läuft sie hin! *Sinkt in einen Stuhl.*

Baals Kammer.

Baal. Johannes tritt ein. Baal ihm entgegen.

BAAL Du weißt nicht, was ich in den letzten Stunden gelitten habe.

JOHANNES Was war gestern abend?

10 BAAL Es ist vielleicht schimpflich. Aber ich muß dir sagen, daß ich sogar geweint habe.

JOHANNES Ich fragte dich, was gestern . . .

BAAL Warum bist du nicht mehr gekommen?

JOHANNES Ich bin spazieren gegangen.

BAAL Im Regen?

JOHANNES Siehst du: Sie ist nichts für dich. Da ginge sie kaputt. Dich macht sie auch nicht glücklich. Wohl aber mich. Und ich mache sie auch glücklich.

BAAL Wie kommst du darauf? Im Regen?

20 JOHANNES Ich glaubte gestern abend, du liebtest sie.

BAAL Darum bist du gegangen?

JOHANNES Ja, aber das ist ja Unsinn. Sage, daß es Unsinn ist!

BAAL Was? Daß sie mich lieben könnte?

JOHANNES Siehst du, du bist für sie etwas ganz anderes. Etwas Erhabenes. Es ist möglich: Ich habe dich dazu für sie gemacht.

BAAL So! Hast du . . .? Das ist ja schmeichelhaft, nicht wahr?

JOHANNES Ich dachte auch: Ich will sie dir abtreten, wenn ihr beide wollt.

30 BAAL Das hättest du können?

JOHANNES Ich weiß nicht. Aber ich glaube. *Bittend.* Aber jetzt sage mir, was mit Anna ist?

BAAL Ich liebe sie nicht.

JOHANNES Das wußte ich. Du bist so gut.

BAAL Ja, ein guter Kerl, nicht?

JOHANNES Und Anna?

BAAL *ihn scharf ansehend:* Sie ist vor einer halben Stunde
hier fortgegangen!

JOHANNES Was soll das heißen?

BAAL Daß sie hier geschlafen hat.

JOHANNES Baal! – Es ist nichts in mir als diese Liebe.

BAAL Reiß sie aus! Hab den Mut, allein zu sein!

10 JOHANNES – – – Wo ist sie jetzt?

BAAL Was geht mich das an!

JOHANNES Was meinst du damit?

BAAL Sie ist nicht die, für die du sie hältst. – Ich wollte es dir
schon lange bei Gelegenheit sagen.

JOHANNES Du warst wie ein Wolf auf sie.

BAAL Ich bin geheilt. Auf die Dauer läßt sich unsereiner nicht
blenden.

JOHANNES *gepreßt, mit unmenschlicher Anstrengung:* Du bist
mein bester Freund gewesen. Wenn ich sie dir abträte?

20 BAAL Sie ist ziemlich sinnlich.

JOHANNES Du solltest den Bogen nicht allzu stark spannen.
Ich gebe sie dir ja. Hörst du. Ich bin bereit, sie dir zu
geben. Die mein halbes Leben war und das bessere!

BAAL Ich fürchte mich nie, die Wahrheit zu sagen.

JOHANNES So sage mir, daß du sie liebst!

BAAL Nicht so viel wie meinen Fingernagel.

JOHANNES *springt ihm an die Gurgel:* Schurke, Verleumder!

BAAL *ringt heftig:* Eine Hure ist sie! Hingeschmissen hat sie
sich mir! Wie eine Granate ist sie losgegangen! *Zwingt ihn*

30 *nieder.*

JOHANNES *greift in die Luft.*

BAAL *zu ihm hinab:* Was ist? So antworte doch! Willst du
Wasser? Da, nimm doch! Du, Wasser!

JOHANNES *schluchzt:* Anna!

BAAL *stützt ihn:* Sei ein Mann! Sie ist es nicht ... nein, ich
kann so nicht ... Johannes, ich habe dich betrogen, sie ist
nicht so. Ich habe sie genommen wie ein Tier. Ich war wie
ein Tier. Ich wagte es dir nicht zu sagen, weil ich dich

lieb habe. Und dich habe ich betrogen. Oh. Ich Tier!
Schluchzt an seiner Brust.

JOHANNES *hart:* Du brauchst nicht Komödie zu spielen. Ich
durchschaue dich jetzt!

BAAL *noch kniend:* Wie meinst du das?

JOHANNES *auf und ab gehend, still:* Ich war früher meiner
Sache nur nicht so sicher, um auf eine Vermutung hin einen
Menschen zu verurteilen.

BAAL Soll das heißen: Du hast es mir zugetraut? Das?

10 JOHANNES *haßerfüllt:* Ja. Das habe ich.

BAAL *steht ebenfalls vollends auf. Von jetzt ab kalt und
scharf, zynisch:* Dann sind wir ja quitt. *Pause. Ruhiger.*
Übrigens: Das Mädel ist zum Teufel. Für uns beide. Rech-
ne damit! Nimm dich zusammen und schau dich gefaßt um,
wo du im nächsten Moment hinsinken willst. Die Lieb-
schaft ist hin. Schmeiß ihr die Freundschaft nicht nach!

JOHANNES Mit d i r ?

BAAL Hättest du mir neulich die Kellnerin gelassen. Dann
hättest du anstatt mich dein Mädel gerettet. Ich war hung-

20 rig.

JOHANNES *versunken:* Wann ist Anna von dir gegangen?

BAAL Vor einer Stunde. Du hast Zeit versäumt. Hole sie ein!

JOHANNES Wohin?

BAAL Zu dir wohl, neue Wäsche holen. Die alte ging drauf.
Ich bezahle sie dir.

JOHANNNES *spuckt nach ihm. Geht hinaus.*

BAAL *ruft ihm nach:* Lief dir das Wasser im Mund zusammen? He?

Er geht herum wie ohne Gedanken. Schwankt plötzlich.
30 *Will sich aufs Bett legen. Besinnt sich aber, grinst verzwei-*
felt und legt sich auf den Boden.

Straße vor einer niederen Schenke.
Morgenstunde und Glockenläuten.

BAAL *kommt zerzaust aus der Schenke und setzt sich gelegentlich auf die Bank davor:* Wie schön die Glocken tun, wenn nur mein Magen nicht so schwach wäre. Ein sehr tüchtiges Mädchen, die Marie. Und dieser Himmel. Ich sollte ein neues Leben anfangen: Still, friedlich, beschaulich. Warum nicht? Ich habe schon g a n z anderes fertig gebracht. Ich möchte gerne frömmer sein, ich wäre sicher ein guter Christ, ich kann nichts leiden sehen. *Von ferne das Beten einer Prozession.* Eine Prozession! Wie schön, dieses ewige Beten! Es ergreift mich. Wenn nur meine Gedärme...! Ich könnte mitgehen. Ganz hinten. Als der Niederste der Sünder. *Das Beten kommt immer näher, Zuschauer sammeln sich an, Buben reißen Birkenbäumchen an der Schenke ab, Baal faßt einen am Kragen.* Was soll das, Bengel! Wer hat die Bäume hier ausgeschnitten und aufgestellt? Wer war der bestialische Schweinehund, der Bäume schändet? *Haut an die Fensterläden.*

WIRT Hoho, Sakerment. *Schaut heraus.* Sie, Herr Baal? Na da hört sich doch ...

BAAL Hauen S i e Bäume ab, junge Bäume?

WIRT Nanu! Selbstverständlich! Wissen Sie nicht ...

HERR Beruhigen Sie sich doch, Mann, das ist an Fronleichnam doch Brauch, haben Sie keine Religion im Leib.

FRAU Es ist eine so alte schöne Sitte! Nicht! Die jungen Bäumchen sind s o schön.

BAAL Wissen Sie, was Sie sind: Sie sind eine alte Kachel mit Mörderinstinkt! Hier sind alle verantwortlich. Junge Bäume abschlagen! Dieser schamlosen Reklameplapperei wegen, welch eine viehische Roheit!

LEUTE Gelt, tun Sie sich stille verhalten, Mann – – Sie komme sich – Polizei! – Stören Sie nicht die Heiligkeit der Prozession!
Die Prozession kommt.

BAAL Haltet ihr den Rand, ihr Mörder, ihr Heiligtumsschänder, ihr verderbten Jungen, was haben euch die jungen Birken getan, ich protestiere.

AUFRUHR *Das Beten des Rosenkranzes geht weiter.* Ruhe! Polizei! Ein Wahnsinniger! Hut ab vor dem Allerheiligsten! *Der Hut wird Baal heruntergeschlagen.* Es ist ein Saustall! Jetzt und in der Stunde unseres Absterbens, Amen.

2 POLIZISTEN Ruhe, Leute. Keinen Skandal nicht! Der Herr geht mit zur Wache. *Eine Balgerei ist entstanden, die Schutzleute suchen Baal zu schützen, auf den Weiber einhauen mit Schirmen und Gebetbüchern.* Wer ihm etwas tut, kriegt es mit uns zu tun. *Stützen Baal mühsam. In diesem Augenblick wird es dunkel, und Baal, die Polizisten, die Zuschauer, alles wird von der Prozession mitgeschwemmt.*

STIMME EINER SEHR ALTEN FRAU *in höchster Wut:* Der wird noch erleben, was es ist, wenn man unser liebes Herrgöttle verlästert!
Aus dem Dunkel auf das Publikum zuströmend, schwillt das Beten ungeheuer an.

Baals Kammer.
Dunkel. Ein Klavier spielt von unten.

BAAL *schleppt auf beiden Armen Sophie Dechant herein. Sie ist in Weiß gekleidet.* So. Jetzt kannst du fort. Bitte.

SOPHIE DECHANT Sie haben mich auf offener Straße überfallen wie ein Orang Utan. Ich bin auf dem Weg ins Theater und muß die Judith spielen.

BAAL Sie sind zu schön dazu. Ich dulde es nicht, daß Sie das schamlose Gewerbe einer Schauspielerin treiben. Sie können jederzeit gehen. *Macht die Türe auf.*

SOPHIE DECHANT Wer sind Sie?

BAAL Nichts. Ein Alb. Sie gefallen mir.

SOPHIE DECHANT Was wollen Sie mir tun?

BAAL Soll ich die Türe nicht zumachen?

SOPHIE DECHANT Lassen Sie mich gehen!

BAAL Ich hindere Sie nicht. Sie müssen die Judith spielen.

SOPHIE DECHANT Wissen Sie, daß jetzt 1000 Menschen auf mich warten? Und daß ich dort davongejagt werde, wenn ich nicht komme?

BAAL Das ist mehr, als ich gehofft hatte.

SOPHIE DECHANT Ich weiß nicht, warum ich immer noch hier bin.

BAAL Ich kann Ihnen Auskunft geben.

SOPHIE DECHANT Bitte, glauben Sie nichts Schlechtes von mir.

BAAL Das tue ich nicht. Ich liebe dich, Sophie Dechant. Du bist wie eine weiße Wolke über mir am Nachthimmel, und jetzt gehörst du mir, weiße Wolke! *Reißt sie an sich.*

SOPHIE DECHANT Laß mich!

BAAL Ich heiße Baal!

SOPHIE DECHANT Laß mich, du!

BAAL Ich war hungrig, darum hab ich dich geholt in die Höhle. Du sollst mich trösten. Ich war schwach. Und du siehst aus wie eine Frau.

SOPHIE DECHANT Du bist so häßlich, daß man erschrickt. Aber dann ...

BAAL Hm?

SOPHIE DECHANT Dann macht es nichts.

BAAL *küßt sie:* Ich ... will dich ... haben ... du ...

SOPHIE DECHANT Nicht! Nicht! Weißt du, daß mich noch keiner berührt hat ...?

BAAL Das ist gleichgültig. Ich berühre dich. Da war nie was, wo ich bin. Komm! *Er führt sie links hinter, zum Bett. Sie setzen sich.*

BAAL Ich wurde zum Teufel gejagt, und meine Mutter dauert mich. Ein Freund von mir geht daran kaputt, daß ich sein Mädel zusammengehauen habe. Von ihr fehlt jede Spur. Die Frau meines Chefs ist schwanger von mir und hat die Hölle daheim. Ich kann keinem helfen. Hilf du mir! Du mußt mich lieb haben. Dazu hab ich dich geholt.

SOPHIE DECHANT So bist du. Und ich hab dich lieb.

BAAL *legt den Kopf an ihre Brust:* Jetzt ist Himmel über uns.

41

Und wir sind allein, weiße Wolke. Hast du einen Gedanken?

SOPHIE DECHANT Viele, aber ich weiß nicht was.

BAAL Sie gehen wie Wolken unter einem grünen Himmel, der unsagbar hoch ist, nicht? Jetzt spielt deine Rivalin die Judith.

SOPHIE DECHANT Es macht nichts mehr. Nichts macht mehr was. Du bist so häßlich, Baal. Und ich habe dich lieb.

BAAL *steht auf:* So! Was andres! Kannst du tanzen! Hopp!
10 Horch auf das Klavier! E i n s zwei drei! E i n s zwei drei. *Er zerrt sie mit sich herum, schwerfällig.* Prost, kaputter Johannes! E i n s zwei drei! Anna mit dem Tang! Horch auf das Klavier! E i n s zwei drei, Kind!

DIE MUTTER BAALS *ist eingetreten. Steht im Finstern:* Baal!

BAAL Rufst du mir? *Hält ein. Geht vorsichtig zur Mutter hin.* Du, Mutter? ... was willst du?

MUTTER Du bist nicht allein. Es ist jemand bei dir. Ich weiß. Du hast immer die Menscher bei dir. Du verkommst ganz, Baal! Deine alte Mutter weint sich die Augen aus, und du
20 zerrst die schmutzigen Weibsbilder herum! Schäm dich! Die Huren!

BAAL Das ist keine, Mutter!

MUTTER Ein Mensch ist sie! Was tut sie hier? Baal, hörst du nicht? Du bist nichts für das wüste Leben. Sie haben dich nur verführt. Komm mit mir herein. Ich wärme dir den Tee, und morgen fängst du zu arbeiten an.

BAAL Geh, Mutter! Schwatz nicht!

MUTTER I c h schwatze? Du schwatzest! Hast du keine Ehrfurcht mehr?

30 BAAL Nein! Schau, daß du fortkommst! Du störst mich!

MUTTER *weint:* Das sagt mir mein Kind! Ich schäme mich so!

BAAL *nimmt sie in die Arme, führt sie langsam hinaus:* Komm mal, Mutter! Ich bin 'n wüster Bursche. Das ist so. Aber du mußt jetzt heimgehen. Das wird meine Frau. Ich hab dich lieb. *Mit ihr ab.*

SOPHIE DECHANT *nimmt ihre Sachen und macht sich zum Gehen fertig. Baal kommt zurück.* Führen Sie mich hinunter!

BAAL Willst du meine Frau werden?
Dunkel.

42

Redaktionsstube.
Baal und ein Fräulein.

BAAL Setzen Sie sich, kleines Fräulein! Gehen Sie abends niemals spazieren! Wollen Sie mir das versprechen? Neulich nachts ... nein, hören Sie: Also, Ihre Verse, die sind nichts wert, keinen Pfifferling. Natürlich. Hören Sie also: »Die Fliederbüsche dufteten so süß.« Quatsch! Aber bitte bleiben Sie: Ich will Ihnen dafür die Geschichte erzählen. Ein Mädchen trippelt über die Straße, es ist schon ganz dunkel,
10 lang nach Ladenschluß also. Ein Mann ihr entgegen, schwenkt herum, ihr nach, stolpert, zieht den Hut, schlechter Winterhut übrigens, mindeste Qualität. Steifer Hut, jetzt im Juni! Sie sagt kurz etwas; ich sehe, wie sie das Köpfchen abwendet: Er, was tut er? Er ist geschlagen, niedergeworfen, er versinkt im Asphalt, meinen Sie? Oh, nichts dergleichen. Er? Er haut ihr eine Ohrfeige herunter, eine Maulschelle, eine Watschen, einen Backenstreich, b e s t e Qualität. Nicht zur bloßen Demonstration! Und sie: Ich sehe ihre schmalen Schultern noch – zucken, so stößt
20 sie das Schluchzen. Und sie läßt ihm ohne weiteres ihren Arm, und er führt sie fort. Der Weg führt ins Gebüsche am Fluß. Kennen Sie die Gegend? Abends alle Büsche voll von verquollenen Paaren. Übrigens: vorgestern sah ich ihn wieder und erfuhr über ihn einiges. (Ich bin Redakteur.) Er ist Zeichner, in den Vierzigern, ramponierter Leichtfuß, mit einer armen kranken Frau mit fünf Kindern. Ein Satansbursche! Das Mädel von damals abends, eine Lehrerstochter, ist jetzt zu ihm gezogen, die ganze Nachbarschaft gröhlt. E r haut jetzt beide, die sich gut vertragen sollen.
30 *Schaut in die Ferne.* Aber was zittern Sie denn? Hm. *Streichelt ihr beruhigend über die Kniee.*
CHEFREDAKTEUR *tritt ein.*
FRÄULEIN *fährt zusammen, auf, aufschluchzend hinaus!*
CHEF Nanu? Nette Wirtschaft! Heulende Jungfrauen, rasende Jünglinge wie der, dem Sie jüngst das Gedicht »überarbeitet« haben. Etzettera, etzetterrra! Na. *Setzt sich.* Wie war der Don Carlos?

43

BAAL Hier ist die Kritik. Herrlich!

CHEF Das ist peinlich. Ich liebe scharfe Kritik! Ich bin kein
Leisetreter. Na, geben Sie her.

BAAL Es ist ein sehr schönes Stück. Der König darin ist ein
prächtiger Kerl. Weniger wichtig, ein unreifer Junge mit
schönen Stellen und dann eine aufgeblasene Altjungfern-
haut mit Mauldiarrhoe. Aber der König! Nur war es etwas
zu lang. Im ersten Akt zählte ich die Lampen an der Decke.
Die Gedärme werden zusammengepreßt, und die Ventila-
tion ist schlecht. Was nützt da das beste Stück. Man fühlt
sich nicht wohl. Im dritten Akt studierte ich den Stehkra-
gen meines Vordermanns und fühlte das Bedürfnis, meinen
Darm zu entleeren, tief und lieblich in mir. Ich freute mich
darauf, wie auf eine genußvolle menschliche, natürliche,
lieblich-leibliche Angelegenheit. Im vierten Akt zählte ich
die Logen hinter mir, und dann wurde das Stück viel schöner. Aber jetzt mußte ich fort. Leider. Ich erinnere mich,
daß unter der elektrischen Kuppel der Sternenhimmel sein
müßte. Gegen Mitternacht füllte ihn ein enormer Wind. Er
stand ungeheuer offen. Ich schlief auf einer Bank. Seit
gestern abend liebe ich den verrückten seligen Menschen,
der das Stück gemacht hat.

CHEF Aber hören Sie einmal, das nennen Sie eine gute Kritik.
Sie sind wohl nicht...? Posa, die wiedererwachte, auf-
gewärmte Leiche meines guten Onkels? Der König. Prachtvoll verquollen mit theatralischer Einfachheit. Der haut
Ihnen die Fresse ein, Bester! Na, bunt ist es wenigstens.
Und das ist schließlich die Hauptsache. Daß es nebenbei
'n Unsinn ist, na, wer merkt das?! Aber wissen Sie: der Stil
ist unter der Kanone. Ein tanzender Brunnen! Haben Sie
so etwas schon gesehen! Ein Brunnen tanzt nie und nimmer
nicht. Korrigieren Sie das aus. Die falschen Bilder und
Konstruktionen habe ich Ihnen übrigens ausgestrichen. Sie
müssen bei uns erst Deutsch lernen. Eine Zeitung ist kein
Abortfetzen. Sie sprechen hier zu Leuten, die zehnmal so
viel verdienen wie Sie. Das übrige bringen wir. Es ist sogar
originell. Ich gratuliere. Zeige es sofort dem Prokuristen!
Ab.

BAAL *zieht eine Flasche unter dem Pult vor und trinkt.*

JÜNGLING *tritt schüchtern und sichtlich außer Fassung ein:* Entschuldigen Sie, ich habe Ihnen ein Gedicht gebracht. Kranewitter. Maximilian, Hermann. Gestern war es in der Zeitung. Aber nicht mein Gedicht. Sie haben es umgeändert. Es ist ganz anders. Nicht eine Zeile, nichts mehr ist davon von mir!

BAAL Aber doch, der Stoff doch!

JÜNGLING Das *(zitternd vor Wut)* heißt: Sie haben ihn mir gestohlen! und mich lächerlich gemacht! Ich verachte Sie! *Will hinaus.*

BAAL *steht auf, legt ihm die Hand auf die Schulter:* Was müssen Sie auch Gedichte schreiben! Das Leben ist herrlich: Wie wenn man auf einem reißenden Strom auf dem Rücken hinschießt, nackt, unter orangefarbenem Himmel, und man sieht nichts, als wie der Himmel violett wird, dann schwarz wie ein Loch wird ... Oder wenn man mit spitzen, knirschenden Zähnen eine saftige Frucht zerfleischt ... oder einen Feind niedertrampelt ... oder aus einer Trauer Musik macht ... oder schluchzend vor Liebeskummer einen Apfel frißt ... oder einen weißen Frauenleib gewaltsam schmeichelnd hintüberbiegt, daß Gelenke und Bettpfosten krachen ... oder Waldluft einpumpt, wenn die müden Füße einen schier umschmeißen ... Kommen Sie g e l e - g e n t l i c h wieder, junger Mann! *Wendet sich.*

CHEF *und Prokurist treten ein. Der Jüngling drückt sich, sich öfters verbeugend, Tränen in den Augen.* Na, das ist der Zweite heut. Man gewöhnt sich an alles.

PROKURIST Also sage Ihnen nur: Die Rezension wird nicht gedruckt. *Sehr nervös und erregt.*

CHEF Lesen Sie sie doch zuvor.

PROKURIST Nein, das tu ich nicht. Das tu ich ganz und gar nicht. Ich verbiete Ihnen, den Schiller anzugreifen, den der Theaterdirektor spielt, der mir für 2000 M Druckaufträge gibt. Ich bezahle Sie von diesem Geld. Ich bezahle die ganze Redaktion von diesem Geld.

BAAL Dürfte ich Sie bei dieser Gelegenheit um die neun Mark für meinen letzten Artikel bitten?

PROKURIST Das gehört gar nicht zur Sache, Herr Baal. Sie sollten sich überall mehr an die Sache halten. Ihr Zeug ist ungenießbar und gefährlich. Ich bezahle Sie nicht für Ihre Privatmeinungen!

CHEF Jedenfalls lasse ich mir nichts von Ihnen verbieten.

PROKURIST Dann müssen Sie!

CHEF So hören Sie doch: Wir stimmen ja überein. In dem Artikel ...

PROKURIST Das ist ganz egal. Ich verbiete.

CHEF Steht ja gar nichts gegen den Schiller.

PROKURIST Darum handelt es sich auch nicht. Die ganze Sache läuft auf eine Aktion gegen den Theaterdirektor hinaus. 2000 M, Herr!

CHEF *schreit:* Gut, dann drucken wir eben nicht. *Pause.*

PROKURIST Entschuldigen Sie, ich bin so nervös.

CHEF Sie brauchten mich nur immer ausreden lassen. Wir stimmen ja immer überein im Grund.

PROKURIST Natürlich. Im Grund stimmen wir immer überein.

CHEF Wir wollen ja beide nur das Beste für die Zeitung!

PROKURIST Natürlich, nur das Beste.

KOMMIS *unter der Tür:* Herr Prokurist, die Auskunft über Herrn Baal ist eingelaufen.

PROKURIST Sofort! *Ab.*

CHEF Regen Sie sich nicht auf. Wir haben anonyme Zuschriften gekriegt: Sie seien ein Zuchthäusler. Wir sind keine Kriecher vor dem Publikum. Aber wir haben Rücksichten zu nehmen. Sie sehen das aus der Sache wegen Ihrer Rezension, die wirklich s e h r schlecht geschrieben ist! Aber verlassen Sie sich auf unsere Vorurteilslosigkeit.

BAAL Entschuldigen Sie: Ich muß hinaus.

CHEF *freundlich:* Bitte. *Baal, Flasche unter dem Rock versteckend, ab.*

PROKURIST *bestürzt herein, lesend:* Das ist ausgezeichnet! Das ist ja recht nett! Ein regelrechter Zuchthäusler! Ich habe es doch gleich gemerkt! Heut wieder aus seinem Artikel gegen den Theaterdirektor! Ein Mensch, der an sich selbst gerade genug zu bessern hätte. Ist zwei Monate gesessen, wegen sittlicher, religiöser Delikte. Z! Z! Z!

46

CHEF *liest die Auskunft:* Schauderhaft! Er muß sofort entlassen werden.

BAAL Die Herren wünschen? *Er schwankt etwas, die Hände und Stimme zittern. Er hat getrunken.*

PROKURIST Sie sind entlassen. Packen Sie sich.

CHEF *auf ihn zu, wutzitternd:* Sie Zuchthäusler!

PROKURIST Betrogen haben Sie uns, schändlich.

BAAL Ich habe Ihnen gute Arbeit geliefert.

CHEF Sie sind ein aufsässiger Mensch! Verlassen Sie uns sofort! Das ist ein anständiges Lokal! Werden Sie nicht noch unverschämt.

BAAL *drängt ihn weg. Setzt sich an sein Pult:* Ich werde nicht gehen.

PROKURIST Hausfriedensbruch.

CHEF Hausknecht!

BAAL Meine Herrn, hören Sie mich an: Ich habe gefehlt und den Boden verloren. Ich war dann im Gefängnis und habe gebüßt. Ich habe mich gut betragen. Sie können nachfragen. Ich habe gearbeitet wie nie. Ich bin hochgekommen, und jetzt wollen Sie mich wieder hinunterstoßen. Ich werde mich nicht mehr hinausdrängen lassen. Hier bleibe ich.

PROKURIST Sie sind ja betrunken. Es ist unerhört.

BAAL Ich habe eine alte Mutter! Herr!

CHEF Versuchen Sie nicht, sentimentale Stimmung zu machen. Sie sind ein notorischer Betrüger. Sie waren nicht n u r im Gefängnis, sondern auch im Varieté. Machen Sie sich dünn. Verschwinden Sie, solange ich mich noch beherrschen kann.

BAAL *den Tisch umfassend:* Ich... will... dableiben. Ich will nicht mehr hinunter... es graut mir...

PROKURIST Weil Sie betrunken sind! Also gehen Sie, Mann! *Milder.* Wir sind ja keine Henker. Uns haben Sie auch nichts getan. Weiters. Gehen Sie also ruhig, und machen Sie keinen Skandal. Man hat ein Auge auf Sie!

CHEF *wirft ihm eine Banknote hin:* Es ist mehr, als Sie bekommen sollten. Heraus können Sie ja wohl doch nicht geben... So was versäuft alles und verhurt das übrige.

BAAL *gräbt den Kopf in die Arme, über den Tisch und*

zerknittert die Banknote in der Faust. Schluchzt. Erhebt sich. Verläßt die Redaktion.
PROKURIST Gott sei Dank. *Schneuzt sich.*

Nacht.

Baal und Sophie Dechant.

BAAL Die bürgerliche Redaktion hat mich ausgespieen. Aber es macht nichts. Ich habe d i c h .
SOPHIE DECHANT Aber w i r haben n i c h t s . Du bist ein Kind.
10 BAAL Weiße Häuser im Abend, mit blauem Himmel und grünem Himmel drüber, mit grauem Himmel. Bäume, Morgenlicht in der Dachlucke, Sternenhimmel, nichts? Ich liebe dich darum.
SOPHIE DECHANT Laß mich zur Bühne, und es ist anders.
BAAL Gut, gehe ich zur Bühne! Aber versprich mir, daß du nie hinkommst!
SOPHIE DECHANT Was ist das wieder?
BAAL Ich kann in ein Kabarett. Aber laß das jetzt! Du bist so weich, und wir wollen Orgie spielen. Alles ist in dir, du!
20 Bist du nicht bös? *Singt.*

Den Abendhimmel macht das Saufen
sehr dunkel, manchmal violett
dazu dein Leib im Hemd zum Raufen
in einem breiten, weißen Bett.

SOPHIE DECHANT Oh, Baal!

Hinter den Kulissen eines Kabaretts.

Baal verzehrt an einem kleinen Tischchen sein Beefsteak und trinkt dabei unmäßig Wein. Eine Chansonette auf der Bühne singt ein Couplet.

DER CONFÉRENCIER *um Baal herumspazierend:* Seit Sie beim Kabarett sind, sind Sie berühmt. Sie dürfen nie vergessen, daß erst wir Sie gemacht haben. Wenn Sie heut als Persönlichkeit dastehen, so tun Sie es trotz Ihres Talentes. Mit Talent verstimmt man die Leute nur. Denn wer anders interessiert sich für ernste Kunst als Literaten?

DIE CHANSONETTE *singt.*

DER CONFÉRENCIER Sagen Sie mal, man munkelt, sie seien verheiratet? Das wäre grotesk.

BAAL Warum?

CONFÉRENCIER Sind Sies?

BAAL Unsinn! Hören Sie mal! *Macht eine Bewegung, als lausche er dem Chanson.*

CONFÉRENCIER Ich habe Sie entdeckt. Wann hat je eine so feine und zarte Seele in einem so unförmigen Fettkloß gesteckt? Das letztere, verehrter Herr, macht Ihre Bedeutung! Sie sind neben der Soubrette Sawetschka die brillanteste Nummer.

DIE CHANSONETTE *singt.*

CONFÉRENCIER Sie sind also wirklich nicht verheiratet?

BAAL Unsinn!

CONFÉRENCIER Na. Es würde ja nichts machen. Da steht ja nichts drüber im Vertrag.

BAAL Es geht aber doch bald nicht mehr.

CONFÉRENCIER Sie sollten nicht soviel in sich hineinstopfen. Sie dürfen schon nicht soviel essen, um singen zu können!

BAAL Wozu singe ich dann?

CONFÉRENCIER Sie kennen nur Transpirationen und Inspirationen! Gott sei Dank fällt das bei Ihnen nicht zusammen, wie bei Richard Wagner!

BAAL Idiot!

CONFÉRENCIER Herr!?

BAAL Idiot!

CONFÉRENCIER Ach so. Ich verstehe übrigens Ihre Gereiztheit nicht: Sie verdienen enorm.

BAAL Ja. Aber ich bin hier nicht der Mann, für den etwas zu verdienen lohnen könnte. Das Schlimmste ist, daß Sie mich lächerlich machen! Das war bisher m e i n Verdienst. *Ißt.*

CONFÉRENCIER Deshalb reißen sich die Damen um Sie.

BAAL Weil ich aussehe wie ein Eunuch! Geben Sie mich frei! *Ißt.*

10 CONFÉRENCIER Sie haben alles, was Ihr Fettherz begehrt: Weiber, Ruhm, Wein, Beefsteak und Zeit!

BAAL Ich fliehe.

CONFÉRENCIER In die Hände der Polizei! Sie sind gesessen. Vergessen Sie das nie! Für Leute Ihres Schlages bleibt nur mehr die Kunst, wenn sie anständig Geld verdienen wollen.

BAAL Anständig? Wenn Sie nicht so komisch wären, sähen Sie mich längst nicht mehr hier!

JUNGE KÜNSTLER *herein:* Phänomenal, was der Wanst verschlingt! – Ihr neues Gedicht im Phöbus ist gut, aber zu
20 maniriert einfach! Sie wiederholen sich! – Die Fürstin Ebing interessiert sich für Sie. Das i s t so eine alte Brunstkachel! Da haben S i e sicher Schwein!

CONFÉRENCIER Darüber müssen wir noch reden, Meister. Ihre *Pièce! Baal wird eine dicke Kette umgelegt und eine große Klampfe in die Hand gegeben. Er trägt Frack und Kindermatrosenmützchen. Er trinkt krampfhaft bis zum letzten Moment.*

DIE JUNGEN *im Takt:* Vorwärts, Baal, an die Arbeit, Baal! Prosit, Baal! Hurrah! *Lachen und Trampeln draußen.*

30 CHANSONETTE Wie ein dicker Mann, der schwitzend an einem Tisch sitzt an einem Sommerabend und Salat ißt: immer sehr viel zugleich hineinschiebt, aber der den Himmel nie aus den Augen läßt und am Ende selig, aber so müd, so müd zurücksinkt – so ist Baal!

EINER Aber hören Sie doch, das ist zu urkomisch!

Alle horchen.

BAAL *mit mächtiger Stimme:* Ich bin klein, mein Herz ist rein. Lustig will ich immer sein. *Beifallsbrüllen.*

BAAL *singt:*

> Hat ein Weib fette Hüften
> will ich sie im grünen Gras –
> Rock und Hose will ich lüften
> (sonnig) – denn ich liebe das.

Lärm im Saal.
BAAL *singt:*

> Beißt das Weib vor Ekstase
> wisch ichs ab mit grünem Gras:
> Mir den Mund. Ihr Schoß und Nase.
> (sauber) – denn ich liebe das.

Kreischen und Sturm im Saal.
BAAL *singt:*

> Treibt das Weib mir die schöne Sache
> feurig, doch im Übermaß:
> Geb ich ihr die Hand und lache
> (freundlich) – denn ich liebe das.

Ungeheurer Tumult, Pfeifen. Trampeln. »Unerhört«-Rufe.

DIE JUNGEN Zum Teufel, er geht durch! Revolution! Der ganze Saal in heller Empörung! Sanitäter! Polizei! Er ruiniert uns. Der Conférencier redet wie ein Prophet! Wie ein Prophet, sage ich euch! Aber niemand hört ihn.

BAAL *herausstolpernd. Schwitzt:* Wie klang es? Sie hingen an meinen Lippen! *Trinkt.* Fein? Was?!

CONFÉRENCIER *schreit fuchtelnd herein:* Unerhörter Saustall! Was glauben Sie? Sie werden Ihre Nummer singen. Kontraktlich. Verstanden? Sonst liefere ich Sie der Polizei aus! Wir warten nur, bis Ruhe herrscht.

BAAL *greift sich an den Hals:* Entschuldigen Sie einen Augenblick! *Zur Tür.*

EINER *vertritt den Weg:* Wohin?

BAAL Auf den Lokus, wenn Sie erlauben, junger Mann! *Ab.*

CONFÉRENCIER Baal, raus! Na, wo ist er jetzt wieder? *Einige:*

Hinaus! Lokus! Beim Teufel, holt ihn! Ich habe wie ein Heilsarmeeprediger gesprochen, bis ich die Leute einigermaßen beruhigt habe. Die Polizei ist uns sicher! Jetzt, wo der moralische Kotzakt vorbei ist, sind sie wieder voll gesundem Appetit.

EINER Dieser Baal ist eine erstklassige Attraktion.

Schrei im Saal: Baal! Anhaltend ...

CONFÉRENCIER Für die Polizei, ja! Er muß noch ausgenutzt werden. Kontraktlich. *Stürzt hinaus. Von außen:* Herr, so geben Sie doch an! Zum Teufel, ich verbiete Ihnen, sich einzuriegeln. Zu einer Zeit, wo Sie von mir bezahlt werden. Ich habe den Kontrakt. Sie Hochstapler! *Trommelt an die Tür.*

PIKKOLO Mein Herr, das Fenster zum Abort steht auf. Es ist niemand drinnen.

CONFÉRENCIER Ich bin verloren! Er ist fort! Er ist hinausgestiegen! Ein Schurke! Halsabschneider. Ich wende mich an die Polizei!

Rufe des Publikums im Takt: Baal, Baal, Baal!

Nachtcafé.

Baal. Ekart.

EKART Deine Frau ist wundervoll. Aber von was lebt ihr?

BAAL Von der Liebe.

EKART Wie lange geht es schon?

BAAL Was muß ich dir geben, daß du meine Frau nimmst?

EKART Bist du betrunken?

BAAL Nein. – Die Welt ist ein Exkrement des lieben Gottes. – Ich habe, um mit ihr leben zu können, einiges inszeniert, in dem Talent war. Aber jetzt sind sie mir auf den Fersen.

EKART Die Polizei?

BAAL Du mußt nicht soviel fragen.

EKART Aber sahst du denn nicht, daß es so kommen mußte?

BAAL Jedes Kind hätte es gesehen.

EKART Du spielst dich gern auf den Naiven hinaus . . .

BAAL Ich mußte lieben, und jetzt muß ich ausruhen.

EKART Sag, bist du sie wirklich schon satt?

BAAL Da kommt sie. Ich darf nicht allein sein. Sie weiß es.

SOPHIE DECHANT *tritt an das Tischchen:* Grüß Gott, Herr
Ekart. Willst du noch bleiben, Baal?

BAAL Setz dich. Du kommst wie eine weiße Wolke über den
dunklen Himmel. Und dann ist alles wieder gut.

SOPHIE DECHANT Du solltest nicht so viel trinken. Sind Sie auf
längere Zeit hier, Herr Ekart?

EKART Ich weiß nicht.

BAAL Er weiß es noch nicht. Er ist wie der Wind: überall.
Trinkt.

EIN GEHEIMPOLIZIST *tritt an den Tisch:* Herr Baal . . . machen
Sie bitte keine Umstände . . . Sie sind im Namen des Gesetzes verhaftet. Gehen Sie, ohne weiteres Aufsehen zu
erregen, gleich mit.

SOPHIE DECHANT *hängt sich an ihn:* Baal . . .

BAAL *will sich erheben:* Sei doch ruhig! Es ist nichts.

SOPHIE DECHANT Mir ist so schwer. Du hast sicher wieder
Unglück. Ich gehe mit dir.

BAAL Nein. Keineswegs. Ihr bleibt da. Beide.

EKART Wir warten hier, Fräulein Dechant. Er wird bald wiederkommen. Es ist ein Mißverständnis.

BAAL *zum Polizisten:* Helfen Sie mir. Sie läßt mich nicht!

POLIZIST Es ist Dienst, gnädige Frau.

BAAL *geht ab mit ihm:* Guten Abend. Seid vergnügt!

Gefängniszelle.

Der Geistliche. Baal.

DER GEISTLICHE Wir hofften, daß die seelischen Qualen hier
bei Ihnen eine Stimmung erzeugt hätten, die Sie für die
Religion empfänglich machen.

BAAL Müßiggang ist aller Laster Anfang. Ich stimme Ihnen zu.

DER GEISTLICHE Sie haben keine Ehrfurcht. Fürchten Sie nicht die Macht der Gesellschaft, die Sie zur Feindin haben, die Sie einfach erdrücken kann, an die Sie überall stoßen werden wie an diese Wände.

BAAL Ich lebe von Feindschaft. Mich interessiert alles, soweit ich es fressen kann. Töten ist keine Kunst. Aber auffressen! Aus den Hirnschalen meiner Feinde, in denen ein schmackhaftes Hirn einst listig meinen Untergang bedachte, trinke ich mir Mut und Kraft zu. Ihre Bäuche fresse ich auf, und mit ihren Därmen bespanne ich meine Klampfe. Mit ihrem Fett schmiere ich meine Schuhe, daß sie beim Freudentanz nicht drücken und nicht knarren bei der Flucht.

DER GEISTLICHE Es scheint, als ob Ihre Kämpfe alle wie Rückzüge aussehen.

BAAL Ich ziehe mich ins feindliche Land zurück. In blühendes Land zurück. Ich habe keine Heimat zu verteidigen. Mein Haus trage ich mit mir. Es sind feste Domänen, die ich auf der Flucht unter meine Füße kriege, und ich lasse sie als magerer Verlust zurück. Ich fliehe vor dem Tod ins Leben.

DER GEISTLICHE Jeder wird einmal müd? Wohin dann mit Ihnen?

BAAL Dann kommen Sie! Oder ich werde schlafen. Erst wenn ich für ergiebige Träume gesorgt habe.

DER GEISTLICHE Sie sinken immer tiefer!

BAAL Dank meines enormen Schwergewichts. Aber ich tue es mit Genuß. Es geht mit mir abwärts! Nicht? Aber ich gehe doch gut! nicht? Gehe ich nicht gerade? Bin ich feig? Sträube ich mich gegen irgend welche Folgen? Berücksichtige ich Sie? Ich befreunde mich mit dem Tod. Mit der Not hure ich. Ich bin demütiger als Sie.

DER GEISTLICHE Sie sind zu leicht zum Untergehen, Sie fröhlicher Bankerotteur.

BAAL Ich bin manchmal wie ein Taucher, der mit durchhauenen Tauen und Sauerstoffapparat allein in der Tiefe spazieren geht.

DER GEISTLICHE Nichts ist so furchtbar als Einsamkeit. Bei uns ist keiner allein. Wir sind Brüder.

BAAL Daß ich allein war, war bisjetzt mein Vorsprung. Ich möchte keinen zweiten Mann in meiner Haut haben.

DER GEISTLICHE Ich komme, um Ihnen die Ruhe Ihrer Seele wieder zu geben.

BAAL Geben Sie mir den blauen Himmel und eine Hand voll Ähren, weiche Frauenarme und Freiheit, hinzugehen, wo ich will! Das ist Ruhe der Seele!

DER GEISTLICHE Ihre Seele ist wie Wasser, das jede Form annimmt und jede Form ausfüllt.

BAAL *ekstatisch erhebend, voll Sonne:* Meine Seele ist das Sonnenlicht, das in dem Diamanten bleibt, wenn er in das unterste Gestein vergraben wird. Und der Trieb zum Blühen der Bäume im Frühling, wenn noch Frost ist. Und das Ächzen der Kornfelder, wenn sie sich unter dem Wind wälzen. Und das Funkeln in den Augen zweier Insekten, die sich fressen wollen.

DER GEISTLICHE Sie lästern Gott. Sie sind ein Tier. Sie sind d a s Tier. Das Urtier! Ein schmutziges, hungriges Tier, das schön ist und gemein. Eine Plage des Himmels. Aber Sie werden sterben.

BAAL Sterben? Ich lasse mich nicht überreden. Ich wehre mich bis aufs Messer. Ich will noch ohne Haut leben. Ich ziehe mich in die Zehen zurück. Ich falle wie ein Stier. Es muß noch Genuß sein im Sichkrümmen. Ich glaube an kein Fortleben und bin aufs Hiesige angewiesen.

DER GEISTLICHE Sie treiben Notzucht am Leben. Sie werden das einmal bezahlen.

BAAL Ich habe es bezahlt. Teurer als ihr alle. Darum will ich es haben. Es ist nur ein Rest. Wer hat mehr gelitten als ich um ein bißchen Freude. Ich habe immer aus Eigenem drauf gezahlt, bekam nie etwas geschenkt. Ich bin im Dreck gelegen vor der Reinheit, und für die Schönheit habe ich mich zum Krüppel schlagen lassen müssen. Sie haben mich so lange geprügelt, daß ich jetzt eine Hornhaut habe, hinter der ich ab und zu sogar wieder zartfühlend sein kann.

DER GEISTLICHE *empört:* Jetzt sollen wohl wir schuld sein an Ihrem Verbrechertum?! Sie aufgedunsener Kosmos! Sie

unappetitlicher Kloß. Sie tollwütiger Hamster! Ich überlasse Sie den Würmern! *Ab.*

BAAL *am Fensterchen:* Ich habe die Zeit versäumt, wo der
Baumgipfel das einzige Mal am Tag voll Sonne ist! Hol
den Pfaffen der liebe Gott!

DER WÄRTER *unter der Tür:* Ja, ja, der Herr Hochwürden hat
ganz recht: Ich verwarne Sie, Sie sind ein Mensch, der keinen Respekt nicht hat.

Grauer Gefängnishof.

10 Baal, Arm in Arm mit seiner Mutter, tritt aus dem Gefängnis. Der Wärter mit Schlüsseln.

BAAL Jetzt beginnt ein neues Leben, Mama. Ich will arbeiten,
daß meine Muskeln springen, du wirst es gut haben.

MUTTER Wirst du aber auch dabei bleiben?

BAAL Ich bin voll Kraft, die Einsamkeit hat mir wohlgetan.

MUTTER *dicht an ihm:* Alle sind gegen dich.

BAAL Es ist, als ob ein Wall um uns herum wäre, wir gehören
zusammen, gegen alle.

MUTTER Ich bin s o voll Sorge, Baal! Ich will nicht sagen
20 vom Vergangenen, aber ich bin s o voll Sorge.

BAAL Mutter, daß so ein Lümmel aus dir herauskroch! Vor
dem du zittern mußtest, aber jetzt ist alles anders.

MUTTER Meine Füße sind schwer wie Blei, Baal! *Sie stehen
unter dem Tor.*

WÄRTER *schließt auf. Sonne über beide:* Also Sie haben gehört,
was der Vorstand ...

BAAL Freiheit! Sonne! kleine Mutter! *Nimmt sie auf die
Arme und trägt sie hinaus.*

Landstraße, Sonne, Felder.

BAAL *über die Felder kommend:* Sommerluft weht mir um
den Bauch. Heißer Wind schüttelt die Hosen um Schenkel
und Schienbein. In meiner Nase habe ich den Geruch
fruchttragender Ährenmeere, und mein Augenlid nachts
wölbt sich zum gestirnten Himmel. Weißstaubige Straßen
ziehen mich wie Seile von Engeln in den unermeßlich
blauen Himmel. Wenn ich die Augen zumache, sehe ich:
Meine Haare glänzen wie gelber Weizen. Und atmen
10 kann ich! Atmen! Wenn ich mich auf den Rücken lege,
krümmt er sich hohl. So stark merke ich, daß die Erde
eine Kugel ist und von mir bedeckt wird.

EKART *hinter ihm drein:* Lauf doch nicht so! Wie ein Narr!
Was bist du?

BAAL Meine Seele ist das Ächzen der Kornfelder, wenn sie
sich unter dem Wind wälzen. Und das Funkeln in den
Augen zweier Insekten, die sich fressen wollen. Ich er-
schrecke, wenn ich einen Baum sehe, der sich durch einen
engen Hof qualvoll durch fünf dunkle Jahre in eine karge
20 Helle hinaufarbeitete.

EKART Wenn ich nur etwas im Magen hätte! Du Schwärmer.

BAAL Was bin ich?

EKART Ein maitoller Bursche mit unsterblichen Gedärmen.
Ein Kloß, der einst am Himmel Fettflecken hinterläßt.

Der Choral vom großen Baal.

Als im weißen Mutterschoße aufwuchs Baal
war der Himmel schon so groß und weit und fahl
blau und ungeheuer wundersam
wie ihn Baal dann liebte – als Baal kam.

Und der Himmel blieb in Lust und Kummer da
auch wenn Baal schlief, selig war und ihn nicht sah:
Nachts er violett und trunken Baal.
Baal früh fromm – er aprikosenfahl.

Und durch Schnapsbudicke, Dom, Spital
trottet lässig Baal und – und gewöhnt sichs ab –
Mag Baal müd sein Kinder, nie sinkt Baal:
Baal nimmt seinen Himmel mit hinab.

In der Sünder schamvollem Gewimmel
lag Baal nackt und wälzte sich voll Ruh:
Nur der Himmel, aber i m m e r Himmel
deckte mächtig seine Blöße zu.

Torkelt über den Planeten Baal
bleibt ein Tier von Himmel überdacht
blauem Himmel. Über seinem Bett war Stahl
wo das große Weib Welt mit ihm wacht.

Und das große Weib Welt das sich lachend gibt
dem, der sich zermalmen läßt von ihren Knien
gab ihm rasende Ekstase, die er liebt,
aber Baal starb nicht – er sah nur hin.

Und wenn Baal nur Leichen um sie sah
war die Wollust immer doppelt groß.
Man hat Platz, sagt Baal, es sind nicht viele da,
Man hat Platz, sagt Baal, in dieses Weibes Schoß.

Ob es Gott gibt oder keinen Gott
kann solang es Baal gibt, Baal gleich sein.
Aber das ist Baal zu ernst zum Spott:
Ob es Wein gibt oder keinen Wein.

Gibt ein Weib, sagt Baal, euch alles her
laßt es fahren, denn sie hat nicht mehr!
Fürchtet Männer nicht beim Weib – die sind egal
Aber Kinder fürchtet sogar Baal.

Alle Laster sind zu etwas gut –
nur der Mann nicht, sagt Baal, der sie tut.
Laster sind was, weiß man was man will –
Sucht euch zwei aus: Eines ist zu viel!

Nicht so faul, sonst gibt es nicht Genuß!
Was man will, sagt Baal, ist was man muß.
Wenn ihr Kot macht ist, sagt Baal, gebt acht
besser noch als wenn ihr gar nichts macht!

Seid nur nicht so faul und so verweicht,
denn Genießen ist bei Gott nicht leicht!
Starke Glieder braucht man und Erfahrung auch
und mitunter stört ein dicker Bauch.

Man muß stark sein, denn Genuß macht schwach;
Geht es schief, sich freuen noch am Krach!
Der bleibt ewig jung, wie ers auch treibt,
der sich jeden Abend selbst entleibt.

Und schlägt Baal einmal zusammen was
um zu sehen wie es innen sei –
ist es schade, aber 's ist ein Spaß
und 's ist Baals Stern; Baal war selbst so frei.

Und wär Schmutz dran: er gehört nun doch einmal
ganz und gar, mit allem drauf, dem Baal!
Und sein Stern gefällt ihm, Baal ist drein verliebt –
schon weil es für Baal 'nen andern Stern nicht gibt.

Zu den feisten Geiern blinzelt Baal hinauf
die im Sternenhimmel warten auf den Leichnam Baal.
Manchmal stellt sich Baal tot. Stürzt ein Geier drauf –
speist Baal einen Geier. Stumm. Zum Abendmahl.

Unter düstern Sternen, in dem Jammertal
grast Baal weite Felder schmatzend ab.
Sind sie leer, dann trollt sich singend Baal
in den ewigen Wald zum Schlaf hinab.

Und wenn Baal der dunkle Schoß hinunter zieht:
10   Was ist Welt für Baal noch? Baal ist satt.
Soviel Himmel hat Baal unterm Lid,
daß er tot noch grad gnug Himmel hat.

Ländliche Schenke. Gegen Abend.

Baal stimmt eine große Gitarre. Bauernburschen, Fuhrleute.
An Baal gelehnt ein junges Mädchen in loser heller Bluse.

EINER Gestern Abend ist er mit dem Mensch gekommen, seitdem ist das Dorf toll, leider. Sie geht nicht von ihm, aber
er verkauft sie ganz bestimmt. Jetzt erhitzt er die Esel mit
seinen Liedern, es ist ein gefährlicher Bursche! Gestern
20   nacht hat er das Mädel eingesperrt und ist in dem Hof des
Amtmanns gesehen worden. Die Frau Amtmann hat lok-
kere Hosenbändel.
BAAL *singt das Lied an die Jungfrauen.*
DIE BURSCHEN *brüllen begeistert:* Bravo! Bravo!
BAAL Wer am meisten zahlt, den lade ich für heut abend ein,
meine Herrn. Machen Sie das unter sich ab! *Nach vorn mit
dem Mädel.* Einen mußt du auflassen, die andern dürfen
nur bezahlen. Sei gescheit!
MÄDEL Ich kann nicht. Ich liebe dich.
30   BAAL Eben darum, wir können nicht verhungern.
MÄDEL Ich kann nie mehr heim.

BAAL Du hast es bei mir gut, wenn du folgst und nie über-
mütig bist.
MÄDEL Ich muß ja doch tun, was du sagst, aber es ist sicher
nicht gut.
BAAL Unsinn! Das Leben bezahlt keine Guttat.
DIE BURSCHEN *kommen auf die beiden zu.*
MÄDEL *drückt sich an Baal.*
BAAL *schüttelt sie ab.*

Landstraße am Getreidefeld.

Nacht. Ekart schläft im Gras.

BAAL *über die Felder her, wie trunken, die Kleider offen, wie
ein Schlafender:* Ekart, Ekart! Ich habe ein Gedicht gemacht! Wach auf!
EKART Was ist es, du Narr? Schlaf, und laß mich schlafen.
BAAL *sagt das Lied von der Wolke der Nacht.*

DAS LIED VON DER WOLKE DER NACHT.

Mein Herz ist trüb wie die Wolke der Nacht
und heimatlos, oh Du!
Die Wolken des Himmels über Feld und Baum
die wissen nicht wozu?
Sie haben einen weiten Raum.

Mein Herz ist wild wie die Wolke der Nacht
und sehnsuchtstoll, oh Du!
Die will der ganze weite Himmel sein
und sie weiß nicht wozu?
Die Wolke der Nacht ist mit dem Wind allein.

EKART Es ist nicht schlecht. Aber der ganze schöne Schlaf ist
beim Teufel. Bleibt also Philosophie! Gerade die Indivi-

61

duen mit der feinsten Haut, prima Sorte, werden auf nasses Heu geworfen statt auf Eiderdaunen. Wir, mit Händen zu gut zum Göttermachen, bekommen nur Luft zu greifen. Wir, die den Weibern den Schoß wärmen könnten wie kein Schoßhund, liegen im Dreck und vergeuden unseren Samen mit beschränktem Genuß. Übrigens, das kann nur jemand zulassen, der sich durch die Verbindung von Harnorgan mit Geschlechtsteil hinlänglich ein für allemal gekennzeichnet hat. Das konnte nur einem Schwein einfallen!

10 BAAL *hat sich gesetzt:* Das alles ist so schön! *Pause.*

EKART Du würdest sicher nicht glauben, daß ich einmal geliebt habe. Sie war wild und weich, hatte ein bleiches Gesicht. Manchmal ganz verwirrt und war sehr lieb.

BAAL *gleichmütig:* Hast du sie . . .?

EKART Schwein! Wenn ich mir s i e vorstelle, sehe ich, daß du ein Schwein bist. Ich bin ein Säufer, und die Weiber sind alle Huren. Aber sie war rein, und du bist also ein Schwein.

20 BAAL Du warst ein Esel.

EKART Hüften hatte sie wie ein Roß und war weich und straff. Aber mit Kindern ist es ein Verbrechen. Und das war sie noch mit siebzehn.

BAAL Wie das Heu nachts riecht. *Legt sich mit verschränkten Armen auf den Rücken.*

EKART Wir lagen ganz dicht beisammen in einer Mulde. Wind ging darüber. *Er erzählt leise weiter.* Ihre Wange, die bleich sein mußte, fühlte ich an meiner. Haarsträhnen weich dazwischen. Sie zitterte. Unsere Knie berührten
30 sich, und außerdem fühlten wir nur noch den Himmel über uns. Sie sagte mir einmal, der Arzt habe gesagt, sie würde gewiß sterben, wenn sie ein Kind kriege. Aber sie möchte ein Kind. Sie machte mich beinahe dazu. Lach nicht, Baal. *Sieht ihm ins Gesicht, empört und enttäuscht.* Er schläft! – Egoist!

Bauernschenke.

Ganz im Hintergrund. Abend. Offene Fenster.

BAAL Trink Ekart. Es tut not.

EKART Wo ist das Mädel, das du in den Schenken herumgezogen hast?

BAAL Werd ein Fisch und such sie.

EKART Du überfrißt dich, Baal. Du wirst platzen.

BAAL Den Knall möcht ich noch hören.

EKART Schaust du nicht manchmal auch in ein Wasser, wenn
10 es schwarz und tief ist und noch ohne Fisch. Fall nie hinein. Du mußt dich in acht nehmen. Du bist so sehr schwer, Baal.

BAAL Ich werde mich vor jemand anderes in acht nehmen. –
Ich habe ein Lied gemacht. Willst du es hören?

EKART Lies es, dann kenne ich dich.

BAAL Es heißt der Tod im Wald. *Liest die Ballade vom Tod im Wald.*

TOD IM WALDE.

Und ein Mann starb im ewigen Wald
20 wo ihn Finsternis umbrauste.
Starb wie ein Tier im Wurzelwerk verkrallt
Starrte hoch in die Wipfel wo über den Wald
Sturm seit Tagen über alles sauste.

»Wir tragen Dich heim mit dem Wind«
schworen die schauernden Freunde.
»Was tu ich wo alle gestorben sind?
Habe nicht Erde noch Geld noch Liebste noch Kind.«
Das wars nicht warum er so weinte.

»Morsch sind Dir die Zähne im Maul.
30 Willst Du nackt in ewiger Heide lungern?
Morsch sind Kleider, Hirn und Knochen, leer der Sack
                                       und tot der Gaul

Freude und Sonne, Dir sind sie faul.
Warum willst D u immer hungern?«

Aber das wars nicht, warum er so schrie
lauter als Sturm, der tief unten brauste.
Über allen Sturm und Woge schrie er lauter als ein Vieh.
Gott weiß, warum er so grauenhaft schrie
daß es seinen Freunden grauste.

»Unnütz bist du und wild wie ein Tier.
Eiter bist Du, Dreck Du, Lumpenhaufen!
10   Sonne frißt Du weg in eckler Gier.«
»Hol der Teufel alle Sünde. Oh trotz Hunger und
                                                        Geschwür:
Leben will ich! Eure Sonne schnaufen!«

Etwas war es was kein Freund verstand:
Dies im Wurzelwerk verderben . . .
Keine Erde hielt die schwache Hand:
»Draußen lebt in Sonn und Wind das Land
und ich muß tief unten sterben.«

Ja, so hielt ihn dies elende Leben noch, daß
er den Leichnam in die Erde preßte.
20   Dann gen morgen fiel er tot ins dunkle Gras.
Sie begruben ihn zitternd vor Eckel und Haß,
in des Baumes dunkelstem Geäste.

Und sie ritten stumm aus dem Dickicht.
Spähten um noch einmal aus der Weite.
Fanden den Grabbaum und faßtens nicht.
Der Baum war oben voll Licht.
Und sie bekreuzten ihr junges Gesicht
und sie ritten in Sonne und Heide.

EKART Ja, ja. So weit ist es jetzt wohl gekommen. *Sie trinken beide.* Prost!

BAAL Wenn ich nachts nicht schlafen kann, schaue ich die Sterne an. Das ist geradeso.

EKART So?

BAAL *mißtrauisch:* Aber das tu ich nicht oft. Sonst schwächt es.

EKART *nach einer Weile, wo man das Tanzen und Dudeln hört:* Du hast wohl schon lange kein Weib mehr gehabt?

BAAL Warum?

EKART Ich dachte es mir. Sage nein.

BAAL *erhebt sich:* Ich will mir eins holen! *Er sucht, schreit.* He da, spiel auf! Baal tanzt. *Springt unter die Schar und fängt aus dem Geschrei ein Mädchen, frisch und kräftig, heraus.* Willst du, hopp, Platz da! *Tanzt wild mit ihr.*

DAS MÄDCHEN Hilfe, Hilfe! Ich kann nicht mehr. Luft!

BAAL *läßt sie fahren, schaut sich um, auf ein Mädchen zu, das klein und blaß in einer Ecke steht:* Du da! Tanz mit mir! *Faßt sie, zerrt sie mit sich fort.* Hopp!

EIN GANZ JUNGER SCHMALER MENSCH *vertritt ihm den Weg, atemlos:* Lassen Sie das. Das ist mein Mädchen. *Baal mißt ihn, Leute drängen sich herum.*

MÄDCHEN *leise:* Laß ihn. Einmal kann ich ja tanzen mit ihm. Er ist betrunken.

EKART *nimmt die Geige:* Immer zu, hopp, Baal! Sterngucker Baal! Hopp! *Spielt auf.*

DER JUNGE MENSCH Nein. Lassen Sie los.

BAAL *krampft die Fäuste zusammen, als wolle er auf ihn stürzen. Schlägt plötzlich mit der halbgeschlossenen Hand schwer durch die Luft, horizontal über dem Kopf des kleinen Menschen. Die Leute lachten und verstummen jetzt:* Entschuldigen Sie! *Wendet sich ab. Nimmt Ekart die Geige aus der Hand und hebt sie gegen ihn zum Schlag. Der Geiger, dem sie gehört, nimmt sie ihm ruhig weg. Baal setzt sich.*

DER JUNGE MENSCH *das Mädchen bei sich:* Bitte schön. Nun habe ich nichts mehr dagegen.

DAS MÄDCHEN Wollen Sie? *Tritt zu Baal, der seinen Kopf in die Arme vergraben hat.*

65

BAAL *aufschluchzend:* Wo soll ich hin? Ich will heimgehen. *Das Mädchen streicht ihm über das Haar.* Ich will jetzt heimgehen. *Er erhebt sich und taumelt hinaus.*

DER JUNGE MENSCH Geht ihr weg, ihr.

EIN MÄDCHEN Das heulende Elend! Hopp, tanzt!
Tanzmusik.

Die Kammer von Baals Mutter.

Frau Baal auf dem Lager. Doktor.

DOKTOR Eine Aufregung kann Sie umbringen. Adieu, Frau Baal. *Prallt in der Tür auf Baal, der zerlumpt dasteht.*

DOKTOR Was wollen Sie hier? Hier können Sie nichts bekommen! Hier braucht das Betteln nicht erst verboten zu werden. Schauen Sie, daß Sie sich forttrollen!

BAAL Wohnt meine Mutter nicht mehr hier? Baal.

DOKTOR Ach so! – Na! *Ab.*

BAAL Guten Tag, Mama.

MUTTER Guten Tag, Baal.

BAAL Ich wollte nur wieder einmal nach dir sehen. Und ob ich nicht einen Winkel haben kann, um etwas zu machen, was in der Luft liegt. Einen Sorgenstuhl, um darinnen ein großes Kind zu gebären, weißt du! Ich will ein Buch schreiben. Es bringt 20 000 Mark ein. *Da sie nicht redet.* Es ist mir, weiß Gott, nicht zum besten gegangen, Mama. Du brauchst mir keine Vorwürfe zu machen. Aber jetzt verdiene ich die 20 000 Mark, das ist auch kein Almosen.

MUTTER *sieht ihn immer still und groß an.*

BAAL *unsicher:* Bist du nicht ganz wohl? Sie haben dir wohl übel mitgespielt? Es sind rohe Hunde! Da hilft keiner! Auch nicht einer.

MUTTER Ja, Baal.

BAAL *endlich nähertretend:* Aber nun wird es besser, du wirst sehen. Du bist ja ganz zusammengefallen, Mutter, als wolltest du dich klein machen; he. Na, schließlich in dem elenden Loch kein Wunder. Das wird alles anders. Ich verspreche es. Ich mache keine großen Worte. Ich sage einfach: Jetzt will ich etwas tun. Siehst du, Mama, das i s t doch etwas? Nicht?

MUTTER Ja, Baal.

BAAL *schneller, angstvoller:* Ich komme nicht ohne Erfolge. Das darfst du nicht glauben. Man kennt mich. Nicht nur die Polizei, weißt du. Damit ist es vorbei. Ich arbeite jetzt. Ich werde große Bücher schreiben. Die Druckseite zu Mark. Das gibt Ruhm und Essen. *Setzt sich aufs Bett.* Ich habe schon angefangen. Es ist etwas über mich geschrieben worden, ein Artikel, ein Buch! Das hattest du nicht erwartet, wie? Siehst du!

MUTTER *leis und hoch und mühsam:* Wie geht es dir?

BAAL Frage! Sehr gut, meine ich. Ich werde ein ordentliches Haus kaufen, einen Garten dazu, und du bekommst eine Magd. Was sagst du?

MUTTER *still, fast lächelnd:* Oh, Kind!

BAAL *beugt den Kopf auf die Decke, sie fährt über sein Haar.*

MUTTER *sinkt zurück, greift in die Luft:* Luft! Hilf, Baal!

BAAL *sie ungeschickt auf den Arm nehmend, als wolle er sie ans Fenster tragen:* Mutter!

MUTTER Hilf! *Stirbt an ihm.*

BAAL Mutter! *Setzt sich, sie auf den Knieen.* Jetzt habe ich es nicht gesagt. Mama! Mutter! – Das war alles. Und morgen Wind drüber. In drei Wochen sind die Kirschblüten auf. In vier oder fünf Wochen bin ich im Wald. Kann ich schon im Wald sein, kleine Mutter. *Bettet sie auf das zerwühlte Lager, dann ab, ohne Hut, die Tür offen lassend. Wind. Abend. Stille.*

Bank in einer Anlage. Nacht.

BAAL *kommt gestolpert, setzt sich:* Ich kann hier ganz gut übernachten, wenn ich zu Johannes gehe, brauche ich eine

Ausrede, die habe ich: Ich pumpe Geld für die Beerdigung, dann kann ich auch übernachten, irgendwo muß ich doch, ich werde wieder den Himmel anschauen müsssen.

LIEBESLEUTE *kommen. Baal steht auf, tritt hinter einen Baum, sie setzen sich.*

SIE Immer fängst du wieder damit an.

ER Deine Haut ist so weich, ich m u ß dich ein wenig quälen.

SIE Dann werde ich böse!

ER O du! *Wirft sich über sie.*

BAAL *tritt vor:* Schämen Sie sich, haben Sie sich das überlegt? Können Sie das bezahlen. Sie sind überhaupt noch zu jung und so eine rasche schwüle Brunst, mir nichts, dir nichts auf einer Gartenbank mit Leuten dahinter. Schämen Sie sich! Das ist unsittlich, gehen Sie heim und fragen Sie sich, ob Sie die Folgen tragen könnten.

LIEBESLEUTE *schnell und scheu ab.*

BAAL Jetzt bin ich wieder auf der Höhe!

Schenke.

BAAL *tritt ein:* Ich will Fleisch haben! Wie heißt ihr, Kinder, und was kostet ihr? Ich bin anspruchsvoll wie ein Pastor. Aber ich kann was. Ich bezahle alles!

WATZMANN Ho, ho. D a h e r , Baal. Hast du eine Erbschaft gemacht?

EKART Was ist mit deiner Mutter? Ich bin kaum nachgehinkt. Du liefst die Straße herunter wie ein Ball. Aber 20 Kilometer vor der Stadt bist du doch versoffen.

BAAL Meine Herrn, ich habe einen Band Lyrik verkauft. Sie werden zugeben, dazu gehört Genie. Da ich in dürftigen Verhältnissen lebe, ist es ein Geschenk Gottes, für das zu danken ich die Pflicht habe. Wirt, Champagner!

WATZMANN *brummend:* Du bist ein Genie, Baal! Ein geniales Kamel bist du!

EKART Du bist ein gottverlassener Verschwender. Hast du deiner Mutter schon einen Sarg gekauft? *Trinkt.*

68

BAAL Ich sehe den Himmel über euch Säufern. Er ist hoch und voll einer seltsamen Harmonie. Da habt ihr alle Platz, ihr Elenden, ihr Tiefverkommenen. Ihr habt die Einfalt des Herzens, und ihr seid die unartigen Lieblinge Gottes. Nur die Trunkenen sehen Gott. Wenn ich meine Arme ausspanne, singt meine Brust, ihr Säue.

WATZMANN *singt:*

Wenn er vom Eckel und Hasse
Voll bis zur Gurgel sei
Schneide er sie – ohne Grimasse
Wahrscheinlich lässig entzwei.

Hier ist es langweilig wie in einem Bordell.

EKART Luise, wo bist du. Du sollst ihm untertan sein!

BAAL *Luise auf dem Schoß:* Du bist ein schlechtes Tier, Luise. Weil du leer bist, liebe ich dich. Weil in dich etwas hineingeht, und – ich – habe nur mehr dich! Trink nicht so viel, sonst wird es wieder Leichenschändung! Ich will heute nacht schlafen. Oh, dein Bett im dunkeln Winkel, warm von den fettern Hintern der Honoratioren. Ich hätte dir neue Bettfedern kaufen sollen. Im Dunkeln sieht man keine grauen Haare. Trinkt! Trinkt! Nur die schamlosen Ratten beschnuppern deine befleckte Empfängnis, ewige Jungfrau. *Singt.*

Oh, holde Jungfrau, besten Falles
Wischst Du die Mums Dir ab mit grünem Gras
Und doch! in Deinen Schoß ergoß sich alles,
Was ich an Seligkeit und Wucht besaß.

Trinkt!

WATZMANN Was ist Fleisch? Es zerfällt wie Geist. Meine Herrn, ich bin vollständig besoffen. Zwei mal zwei ist vier. Ich bin also n i c h t besoffen. Aber ich habe Ahnungen von einer höheren Welt. Beugt euch. Seid de-, demütig. Legt den alten Adam ab. *Trinkt zittrig und heftig.* Ich bin noch nicht ganz herunten, solange ich noch meine Ahnun-

gen habe, und ich kann noch gut ausrechnen, daß zwei
mal zwei ... Was ist doch zwei, zw – ei, für ein komisches
Wort? Zwei! *Setzt sich.*

BAAL *langt nach der Gitarre und zerschlägt damit das Licht:*
Geh weg, süßes Sprungbrett, in den siebten Himmel. Ich
will singen: Die Abenteurer!

Von Sonne mürb gebrannt, vom Regen ganz zerfressen
Durchnäßtes Laub verfaulter Lagerstätten im zerwühlten
Haar

10 Hat er seine ganze Jugend, nur nicht ihre Träume
vergessen:
Lange das Dach, nie den Himmel, der drüber war.

Meine Stimme ist ganz glockenrein. *Stimmt die Gitarre.*

EKART Schlaf, Schäfchen, schlaf. Dein Liebster ist ein Schaf.

BAAL *singt weiter:*

Im Tanz durch Höllen und gepeitscht durch Paradiese
Trunken von Güssen unerhörten Lichts
Träumt er gelegentlich von einer kleinen Wiese
Mit blauem Himmel drüber und sonst nichts.

20 Die Gitarre stimmt auch nicht.

WATZMANN Das ist ein gutes Lied. Ganz mein Fall! Ich finde
mein Glas nicht mehr. Der Tisch wackelt blödsinnig.
Macht doch Licht. Wie soll da einer sein Maul finden!

EKART Blödsinn! Siehst du etwas, Baal?

BAAL Nein. Ich will nicht. Es ist schön im Dunkeln. Mit dem
Champagner im Bauch und mit Heimweh ohne Erinnerung. Bist du mein Freund, Ekart?

EKART *mühsam:* Ja, aber sing!

BAAL *singt:*

30 Sie loben die Jungfrau im Himmel breit
mit manchem Rosenkranz und kurz
lassen auf Erden sie bei Gelegenheit
eines Jungfernstichs einen F ...

70

WATZMANN *hat mühsam Zündhölzer angezündet:* Licht!
BAAL Laß den Unfug. Das blendet.
EKART Sowas!
BAAL *sieht Ekart mit der Kellnerin Luise auf dem Schoß usw.*
EKART *steht mühsam auf. Versucht Luisens Arm von seinem Hals zu lösen:* Ach, Unsinn! Meine Herrn! Ein Glas auf Kommunität unter Brüdern!
BAAL *stürzt auf ihn. Würgt ihn. Das Zündholz geht aus. Watzmann lacht. Die beiden ringen. Luise schreit. Die an-*
10 *deren Gäste aus dem Nebenzimmer mit Lampe herein.*
LUISE Er hat ein Messer. Er mordet ihn. Maria!
ZWEI POLIZISTEN *auf die Ringenden:* Sie sind verhaftet. Lassen Sie los, Mensch! Er hat, beim Teufel, gestochen.
BAAL *erhebt sich. Dämmerung bricht plötzlich herein. Die Lampe erlöscht. Fenster wehen auf. Und Türen öffnen sich. Nebenan wüstes Geschrei: Was ist. Beult ihn ordentlich durch. Zum Tarock, meine Herrn. Baal, aufgeregt, wird gefesselt.*
BAAL Ekart, hilf!

20 Landstraße. Abend. Wind. Regenschauer.
2 Gendarmen (gegen den Wind ankämpfend).

1. GENDARM Verdammt, bei dem Wetter auf der Straße! Der verfluchte Strolch!
2. GENDARM Er scheint mir mehr gegen Norden den Wäldern zuzulaufen. Dort oben findet ihn keine Menschenseele mehr.
1. GENDARM Was ist er eigentlich?
2. GENDARM Ein Mörder. Zuvor war er Varietéschauspieler und Dichter. Unter anderem auch Gärtner, Stadtschreiber, Zuchthäusler, Redakteur, Zutreiber, weiß es der Teufel.
30 Bei seinem Mord hatten sie ihn schon, aber er kam durch. Es war wegen einer Kellnerin, eine professionelle Dirne. Für die erschlug er seinen besten Freund. Seine Mutter ist am Abend vorher gestorben.

71

1. GENDARM So ein Mensch hat gar keine Seele. Das gehört zu den wilden Tieren.
2. GENDARM Dabei ist er manchmal ganz kindisch. Einem alten Weib in Dingsda trug er die Reisighocke, so daß wir ihn fast erwischten. Er muß schon einmal wieder umgekehrt sein und in seine Heimatstadt zurück. Ein dortiger Gymnasiallehrer, der ihn früher gekannt, aber sich einer gemeinen Tat wegen zurückgezogen hatte, sah ihn mit seiner Frau eines Nachts. Ein Kopf erschien im Fenster, furchtbar anzuschauen, wie ein Tier. Das Zimmer war lampenhell, das mochte ihn gelockt haben. Er verschwand, als der Lehrer zum Fenster ging. Am Tage sah man, daß er sich am Mörtel die Hände wundgegriffen hatte, als er sich anhielt. Er muß sich mit einer unsäglichen Kraftanstrengung an den Händen hochgezogen und verkrampft haben. Ein gefährlicher Bursche!
1. GENDARM Es wird mir ganz unheimlich! Komm, gehen wir! Hier ist er gewiß nicht gerade. *Beide ab.*
BAAL *aus dem Gebüsch mit Pack und Gitarre. Pfeift durch die Zähne:* Also tot? Armes Tierchen, m i r in den Weg kommen. Jetzt wird es dunkel. Hm –. *Ab. Den beiden nach.*

Weg durch eine Heuwiese.
Nacht. Baal die Hände in den Hosen.

BAAL Wir sind ganz frei, haben keinerlei Verpflichtung. Wir können zum Beispiel ein wenig schlafen. Im Heu oder im Freien ... oder gar nicht. Wir können spazierengehen. Wir können singen. Wir haben Träume vor uns. Wir können auch alle Viere gerad sein lassen; was auf die Beine angewendet ein schöner Ausdruck für Verrecken ist. Nur die Polizei hassen wir, denn wir sind ein Mörder. *Schaut sich um.* Mörder schauen sich immer um.
BAUERNMÄDCHEN *kommt schnell des Weges, angstvoll.*
BAAL Wer da?

72

MÄDCHEN Ich.

BAAL Ach so: du. Wohin?

MÄDCHEN Heim. Die Mutter krank.

BAAL Willst du mir ein Stück Gesellschaft leisten?

MÄDCHEN Lassen Sie mich. *Geht weiter, unbehindert, zö-gernd.* Wo haben Sie denn Ihren Hut?

BAAL In der Tasche.

MÄDCHEN Sie sind merkwürdig. Sind Sie da daheim, Sie?

BAAL Ja, einstweilen. *Dicht bei ihr.* Was ist, kleines Mädchen.
10 *Sie schauert leicht.* Ist die Nacht nicht schön?

MÄDCHEN Sie sollten einen Hut haben! Da Sie graues Haar haben ...

BAAL H a b e ich? *Gleichmütig.* Eine hübsche Gegend. Na, geh jetzt.

MÄDCHEN Gute Nacht. *Weiter.*

BAAL Du.

MÄDCHEN Was?

BAAL Wo geht's zum Wald?

MÄDCHEN Wohin?

20 BAAL Zum Wald.

MÄDCHEN Dahin. *Zeigt, ab.*

BAAL *sieht ihr nach:* Verflucht. *Stolpert in der gezeigten Richtung querfeldein.*

Wald. Eine Bretterhütte.

Nacht. Baal auf einem schmutzigen Bett. Rechts tarocken Männer.

EIN MANN *am Lager:* Was willst du? Jeder stirbt. Millionen, sage ich dir. Besser so: Was willst d u ? Ich sage dir, da ver-recken noch ganz andere Leute, Leute, die leben könnten.
30 Die leben lassen könnten. Die mit dem Herrgott auf du und du stehen. Präsidenten! Stelle dich doch auf einen etwas überlegeneren Standpunkt! Denke dir: Eine Ratte verreckt! Na also! Nur nicht aufmucksen!

MÄNNER *karten im Hintergrund:* Trumpf! Halts Maul! – He, was ist, Dickerchen? Sing eins! Eins von den Großmächtigen. Du geheimer Baron auf dem Aussterbeetat. – Aufpassen, Meunier! Laß den! – Der alte Wanz macht heut Schluß, bst. – Ihr solltet vielleicht etwas ruhiger sein! – Halts Maul und stör nicht. – Er hat manchmal so was an sich, also so was, das sich gewaschen hat, etwas … Höheres? – Er ist ein versoffenes Loch! Seit er hier ist, hat er nichts getan als getrunken. Eine Boutailje, ha, ha, ha, hörst du, Dicker? Eine Buhtailjje! – Haltet doch euren Rand, meine Herren. Das ist doch kein solides Spiel. Wenn Sie nicht mehr Ernst haben, geht kein vernünftiges Spiel zusammen! *Man hört nur mehr Flüche.*

BAAL Wieviel Uhr ist es?

DER MANN AM LAGER Elf. Gehst du fort?

BAAL Bald. Wege schlecht?

DER MANN Regen.

MÄNNER *stehen auf:* Es ist Zeit. Der Regen hat aufgehört. Hallo. Raus in den Dreck. Schinderei. *Nehmen die Äxte auf.*

EINER *vor Baal stehen bleibend, ausspuckend:* Gute Nacht. Wiedersehen. Abkratzen?

ANDERER Stinkst du m o r g e n schon? Warte ein bißchen! Wir kommen erst mittags und wollen essen.

BAAL *mühsam:* Könntet ihr nicht – noch etwas dableiben?

ALLE *großes Gelächter:* Sollen wir Mama schicken? Wiegenliedchen, wie?

BAAL Wenn ihr noch dreißig Minuten bliebt?!

MÄNNER Ach weißt du was: Verreck allein! Also servus! Was ist mit dir, Claude? *Zu dem Mann am Lager.*

CLAUDE Komme nach!

BAAL Es kann nicht länger dauern, meine Herrn. *Gelächter.* Sie werden nicht gerne allein sterben, meine Herrn. *Stärkeres Gelächter.*

EINER Altes Weib! Da hast du was dranzudenken. *Spuckt Baal ins Gesicht, sie wenden sich.*

BAAL Zwanzig Minuten!?

ALLE *lachend ab.*

74

CLAUDE *unter der Tür:* Sterne.

BAAL Wisch den Speichel weg!

CLAUDE Wo?

BAAL Auf der Stirne.

CLAUDE So! Warum lachst du?

BAAL Es schmeckt mir.

CLAUDE *empört:* Du bist eine völlig erledigte Angelegenheit. Addio. *Zur Tür mit der Axt.*

BAAL Danke.

CLAUDE Kann ich noch etwas für dich . . . Aber ich muß fort, Kruzifix.

BAAL Du! Näher! *Claude näher.* Es war sehr schön.

CLAUDE Was, du verrücktes Huhn? Wollte sagen, Kapaun.

BAAL Alles!

CLAUDE Feinschmecker! *Lacht laut, geht ab, läßt die Tür offen. Man sieht die blaue Nacht.*

BAAL *unruhig:* Mann! Du! Mann!

CLAUDE *durchs Fenster:* He?

BAAL Wieviel ist es?

CLAUDE Einhalb zwölf. *Ab.*

BAAL Lieber Gott. Fort. *Stöhnt.* Es ist nicht so einfach. Das ist bei Gott nicht so einfach. Wenn ich nur. Eins. Zwei. Drei. Vier. Fünf. Sechs. Hilft nicht. Lieber Gott. L i e b e r Gott. *Fiebert.* Mama. Ekart soll weg gehen. Oh, Marie! Der Himmel ist so verflucht nah da. Zum Greifen. Mein Herz hüpft fort. Eins. Zwei. Drei. Vier. *Wimmert, plötzlich laut.* Ich kann nicht. Ich will nicht. Man erstickt hier. *Ganz klar.* Es muß draußen hell sein. Ich will. *Mühsam sich hebend.* Baal, ich werde hinausgehen. *Scharf.* Ich b i n keine Ratte. *Er taumelt vom Bett und fällt.* Teufel! Lieber Gott, bis zur Tür! *Er kriecht auf den Händen zur Schwelle.* Sterne . . . Hm. *Er kriecht hinaus.*

Schluß

Baal

von Bert Brecht.

[1919]

An meinen Freund Orge!

Dieses Theaterstück behandelt die gewöhnliche Geschichte eines Mannes, der in einer Branntweinschenke einen Hymnus auf den Sommer singt, ohne die Zuschauer ausgesucht zu haben – einschließlich der Folgen des Sommers, des Branntweins und des Gesanges. Der Mann ist kein besonders moderner Dichter. Baal ist von der Natur nicht benachteiligt. Man muß wissen, daß er bis über sein 30. Lebensjahr hinaus völlig unbescholten dahinlebte. Er entstammt der Zeit, die dieses Stück aufführen wird. Es ist der peinliche Schädel des Sokrates und des Verlaine. Den Schauspielern, die für Extreme schwärmen, wo sie mit Mittelmäßigkeit nicht auskommen: Baal ist weder eine besonders komische noch eine besonders tragische Natur. Er hat den Ernst aller Tiere. Was das Stück betrifft, so hat sein Verfasser nach scharfem Nachdenken eine Tendenz darin entdeckt: Es will beweisen, daß es möglich ist, zu seiner Portion zu kommen, wenn man bezahlen will. Und wenn man nicht bezahlen will. Wenn man eben nur bezahlt... Das Stück ist weder die Geschichte einer noch die vieler Episoden, sondern die eines Lebens. Es hieß ursprünglich: »Baal frißt! Baal tanzt!! Baal verklärt sich!!!«

Personen:

Baal, lyrischer Dichter.
Baals Mutter.
Johannes, der Jüngling.
Johanna, seine Braut.
Sophie Dechant, ein Bürgermädchen.
Ekart, Musiker.
Der Bureauchef.
Die Frau des Bureauchefs.
10 *Der Neffe.*
Die Kellnerin Luise.
Der Amtsbote.
Der Neger John.
Der Geistliche.
Bolleboll.
Gougou.
Der Bettler.
Maja, das Bettelweib.
Ihr Töchterchen.
20 *Anna.*
Das Mädchen aus der Dorfschenke.
Liebespaar.
Watzmann.
2 Gendarmen.
Der Rothaarige.
Das Bauernmädchen auf der Heuwiese.
Claude, ein Arbeiter.

Bevor der Vorhang aufgeht, hört man zur Gitarre Baal
den Choral vom großen Baal singen. Das Theater ist so-
lange dunkel.

Der Choral vom großen Baal.

Als im weißen Mutterschoße aufwuchs Baal
war der Himmel schon so groß und weit und fahl
blau und nackt und ungeheuer wundersam
wie ihn Baal dann liebte – als Baal kam.

Und der Himmel blieb in Lust und Kummer da
auch wenn Baal schlief, selig war und ihn nicht sah:
Nachts er violett und trunken Baal.
Baal früh fromm – er aprikosenfahl.

Und durch Schnapsbudicke, Dom, Spital
trottet lässig Baal und – und gewöhnt sichs ab –
Mag Baal müd sein, Kinder, nie sinkt Baal:
Baal nimmt seinen Himmel mit hinab.

In der Sünder schamvollem Gewimmel
lag Baal nackt und wälzte sich voll Ruh:
Nur der Himmel, aber i m m e r Himmel
deckte mächtig seine Blöße zu.

Torkelt über den Planeten Baal
bleibt ein Tier vom Himmel überdacht
blauem Himmel. Über seinem Bett war Stahl
wo das große Weib Welt mit ihm wacht.

Und das große Weib Welt, das sich lachend gibt
dem, der sich zermalmen läßt von ihren Knien
gab ihm rasende Ekstase, die er liebt,
aber Baal starb nicht – er sah nur hin.

Und wenn Baal nur Leichen um sie sah
war die Wollust immer doppelt groß.
Man hat Platz, sagt Baal, es sind nicht viele da.
Man hat Platz, sagt Baal, in dieses Weibes Schoß.

Ob es Gott gibt oder keinen Gott
Kann solang es Baal gibt, Baal gleich sein.
Aber das ist Baal zu ernst zum Spott:
Ob es Wein gibt, oder keinen Wein.

Gibt ein Weib, sagt Baal, euch alles her
10 laß es fahren, denn sie hat nicht mehr!
Fürchtet Männer nicht beim Weib – die sind egal
Aber Kinder fürchtet sogar Baal.

Alle Laster sind zu etwas gut –
nur der Mann nicht, sagt Baal, der sie tut.
Laster sind was, weiß man, was man will –
Sucht euch zwei aus: Eines ist zu viel!

Nicht so faul, sonst gibt es nicht Genuß!
Was man will, sagt Baal, ist was man muß.
Wenn ihr Kot macht, ist sagt Baal, gebt acht
20 besser noch, als wenn ihr gar nichts macht!

Seid nur nicht so faul und so verweicht,
denn Genießen ist bei Gott nicht leicht!
Starke Glieder braucht man und Erfahrung auch
und mitunter stört ein dicker Bauch.

Man muß stark sein, denn Genuß macht schwach;
Geht es schief, sich freuen noch am Krach!
Der bleibt ewig jung, wie ers auch treibt,
der sich jeden Abend selbst entleibt.

Und schlägt Baal einmal zusammen was
um zu sehen wie es innen sei –
ist es schade, aber 's ist ein Spaß
und 's ist Baals Stern; Baal war selbst so frei.

Und wär Schmutz dran, er gehört nun doch einmal
ganz und gar, mit allem drauf, dem Baal!
Und sein Stern gefällt ihm. Baal ist drein verliebt –
schon weil es für Baal 'nen andern Stern nicht gibt.

Zu den feisten Geiern blinzelt Baal hinauf
die im Sternenhimmel warten auf den Leichnam Baal.
Manchmal stellt sich Baal tot. Stürzt ein Geier drauf –
speist Baal einen Geier. Stumm. Zum Abendmahl.

Unter düstern Sternen, in dem Jammertal
grast Baal weite Felder schmatzend ab.
Sind sie leer, dann trottet singend Baal
in den ewigen Wald zum Schlaf hinab.

Und wenn Baal der dunkle Schoß hinunter zieht:
Was ist Welt für Baal noch? Baal ist satt.
Soviel Himmel hat Baal unterm Lid,
daß er tot noch grad gnug Himmel hat.

Soirée.
Herren und Damen in großer Toilette.

BAAL *durch hintere Flügeltür ein, umgeben von Herrschaften, Sektglas in der Hand:* Meine Damen und Herren, es freut mich, daß Ihnen die unsterblichen Verse, die Ihnen vorzulesen ich die Ehre und Güte hatte, Ihres Beifalls würdig schienen. Entschuldigen Sie übrigens: Ich bin total heiser. *Sieht sich um.*

DIE HERRSCHAFTEN Superbe! Welch ein Ton! Ich finde die Verse
10 ganz himmlisch! Fabelhafte Technik! Diese raffinierte Einfachheit! Bitte eine kleine Erfrischung! Hier, verehrter Meister! *Alle setzen sich, Baal Ehrenplatz.*

GASTGEBER Meine Herrn, ich gestehe Ihnen offen, es hat mich tief empört, einen solchen Mann in so elenden Verhältnissen zu finden. Sie wissen, ich entdeckte unseren lieben Meister in meiner Kanzlei als Schreiber. Ich bezeichne es ohne Angst als Schande für unsere Gesellschaft, derartige Persönlichkeiten für Taglohn arbeiten zu lassen. Ich werde natürlich das Weitere veranlassen. *Zu Baal:* Ihr Genie,
20 mein Herr, jawohl Genie, wird die Welt erobern. Ich bin stolz darauf, daß mein Salon die Wiege Ihres Weltruhmes heißen wird. Ihr Wohl!

BAAL *ißt:* Danke.

HERREN *Die Unterhaltung wird allgemein:* Der Weizen steht auf 49 ⅛. – Fabelhaft. Baumann & Co. stellte schon gestern seine Zahlungen ein.

EIN JUNGER MANN *zu Baal:* Wie machen Sie nur diese verfluchte Naivität, lieber Meister. Machen Sie eigentlich die kleinen Lüderlichkeiten auch eigens hinein, wie Heine?
30 BAAL *ißt.*

EINE JUNGE DAME *mit hochgezogenen Brauen:* Sie erinnern an Walt Whitman. Aber Sie sind bedeutender. Ich finde das.

JEMAND ANDERS Ich finde, Sie haben etwas von Verhaeren. Nicht?

EIN HERR Einiges könnte geradezu von Verlaine oder Wedekind sein. Ich meine das Diabolische.

84

BAAL *stöhnt und ißt.*

DIE JUNGE DAME Aber Sie haben den Vorzug größerer De-
zentheit.

DER JUNGE MANN Die Genannten können Sie allesamt ruhig
einstecken, Meister. Die können Ihnen nicht die Schuh ...

EIN MANN Jedenfalls ist er eine bedeutende Hoffnung.

DAME Die breiten Hüte sind völlig unmodern. Ich finde die
kleinen, hohen von Meyer ganz himmlisch.

EIN MANN *erregt:* Es wurde hier soeben die Ansicht ausge-
sprochen, Sie seien eine Hoffnung, Meister. Ich stehe nicht
an, das an den Pranger zu stellen. Ich behaupte einfach:
Sie sind eine Erfüllung. Was heißt Hoffnung, ich bin auch
eine Hoffnung.

DER JUNGE MANN *erhoben:* Ich halte Sie einfach geradezu für
den Vorläufer des großen Messias der europäischen Dich-
tung, den wir auf das bestimmteste für die unmittelbar
allernächste Zeit erwarten.

BAAL *ißt.*

GASTGEBER Verehrter Meister, meine Herrschaften, erlauben
Sie, daß ein geschätzter Gast dieses Hauses uns einige seiner Dichtungen zum besten gibt, die Ihr Erstaunen erregen
werden. *Beifall.*

DER JUNGE MANN *erhebt sich und liest ein Gedicht von A.
Stramm. Rasender Beifall. Gratulation.*

GASTGEBER Nun, lieber Meister?

BAAL *trinkt:* Ausgezeichnet!

DER JUNGE MANN *hastig:* Erlauben Sie! *Liest ein Gedicht von
Novotny. Rasender Beifall.*

RUFE Genial! Genial! Das Letzte! Welch eine Glut! Ich finde
die Verse ganz himmlisch! Und wie er das so vorträgt!
Dämonisch, und doch: mit Geschmack! Oh, sagen Sie etwas,
Meister!

BAAL *trinkt:* Ganz hübsch. *Peinliches Schweigen.*

DER JUNGE MANN *zerbeißt sich die Lippen, steht immer noch,
dann gepreßt:* Ganz hübsch? Das, das ... *Lächelnd.* Meine
Herrschaften, das ist ein strenges Urteil. Aber, daß jede
junge Kunst Mühe hat, sich durchzuringen, dafür ist unser
verehrter Meister ja ein exzellentes Beispiel! *Setzt sich.*

BAAL Die Hauptsache ist, daß etwas lebt. *Trinkt.*

DER JUNGE MANN *trinkt auch:* Ich danke Ihnen, Meister. Das war ein großes Wort. Oh, erlauben Sie, daß ... *Sucht Zettel.*

BAAL *hastig und schwerfällig:* Oh, bitte, ich kenne Ihre Eigenart jetzt schon. In der Tat, sehr versprechend. Es ist ausgezeichnet, vielleicht besuchen Sie mich einmal. *Trinkt dazwischen.*

DER JUNGE MANN *nervös:* Das ist mehr, als ich ... *Liest ein Gedicht von A. Skram. Rasender Beifall.*

BAAL *in der Stille darnach, trinkt, antwortet:* Das ist Quatsch. *Stille.*

EINE DAME *gedämpft:* Unerhört ...

EIN HERR Das Obst ist ausgezeichnet, lieber Kanzleirat. *Stille.*

DER JUNGE MANN *sucht zitternd seine Papiere zusammen, stehend:* Das ist ... das ist ... *Stille.*

BAAL *schaut sich um, etwas verlegen:* Ihr lebt zu schlecht. Warum soll euer Kot immer besser sein als euer Fressen?! Das haben euch die Leute eingeredet, die euer Fressen liefern und euren Kot sammeln. *Legt dem jungen Mann die Hand zutunlich auf die Schulter.* Euch macht Eitelkeit dumm. *Stille. Baal trinkt.* Keiner lebt. Jeder will herrschen. Jeder will n u r herrschen. Das ist kein Ehrgeiz. Es ist nur Eitelkeit. *Trinkt.* Habt ihr kein Fleisch, Weiber – n u r Männer! Der Himmel ist violett, besonders wenn man besoffen ist. Betten sind weiß. We.E.I.Eß. Ihr seid grau. Ge.Err.A.U. *Trinkt.* Da ist eine unter euch, die hat lange Schenkel, die jetzt zittern unterm Kleid. Die geht an. Unterm Kleid seid ihr nämlich alle nackt ... *Lacht, trinkt.* Die da ist dumm und gewöhnlich und leer wie ein Bordell, aber sie hat weiche Lenden und wird nie satt. Der befleckt sich selber und kauft sich reizende Bilder dazu. Die betrügt den, der ein Scheusal ist, mit dem, der ein Geck ist. Das ist sehr lustig. Wenn es auch nur halb ist, Liebe ist da zwischen Himmel und Erde; wo es finster ist, drängen sich schnell Leiber zusammen, im Vorbeigleiten, und vergessen den Weg nie. Habt ihr nicht Hunger? *Trinkt.* Erinnert ihr euch nicht? Tut nicht so, ihr seid auch Säue, und das gefällt mir.

Es ist noch das Beste an euch, glaubt mir, das Allerbeste. Warum bekennt ihr nicht? Warum redet ihr nur? Oh, ihr seid ganz verderbt! Aber euer Wein ist gut. *Erhebt sich, schwenkt das Glas.* Der Himmel ist doch offen, ihr kleinen Schatten! Voll von Leibern! Bleich vor Liebe! Der Himmel ist manchmal auch gelb. Und Raubvögel sind darinnen. Ihr müßt euch betrinken ...

DIE HERRSCHAFTEN *haben sich empört erhoben.*

DER JUNGE MANN Herr!

EIN HERR *scharf:* Unerhört!

EIN ANDERER Das ist doch ein wenig ...

DAME *laut:* Stark!

ANDERE HERRSCHAFTEN Man ist doch immerhin Gast hier. Das ist doch keine Schenke. *Stille.*

BAAL *umschauend:* Kann hier niemand auf dem Klavier spielen? Musik tut gut.

HERR *scharf:* Wollen Sie uns uzen?

BAAL Ich? Sie?

GASTGEBER Meine Herrschaften, ich bedaure furchtbar, ein solcher Mißton! *Pause. Alle sehen auf Baal, Tuscheln. Baal trinkt, sieht, die Ellenbogen auf dem Tisch, ins Weite.* Da nach dem Vorgefallenen, das ich tief bedaure, eine Hebung der Stimmung nicht mehr zu erwarten ist, erlaube ich mir die Tafel aufzuheben.

ALLE *außer Baal erheben sich. Der junge Mann sieht zu, äußerst erregt. Man empfiehlt sich schon mit Flüstern und kopfschüttelnd.*

BAAL *erhebt sich jetzt, herumschauend, auf die Tafel gestützt – als wolle er reden. Sieht nach der Tür. Setzt sich.*

HERR *im Abgehen dicht an Baal vorbei:* Sie haben sich in der Tat merkwürdig benommen, Herr.

DAME *hinausrauschend:* Die Folgen solcher »Entdeckungen«, hn.

GASTGEBER *laut:* Entschuldigen Sie doch, um Gottes willen. Der Mensch ist ja nicht hinauszubringen.

HERR Das müßte man sehen.

GASTGEBER *zu Baal:* Herr Baal, die Herrschaften empfehlen sich. Sie werden der Ruhe ...

BAAL *verbeugt sich.*

EINE GRUPPE HERREN *auf ihn zu:* Herr! – Schämen Sie sich! –
Wissen Sie nicht, was sich gehört? – Auf was warten Sie
noch? – Flegel!

DER JUNGE MANN *wild:* Bei Philippi sehen wir uns wieder! *Ab.*

BAAL *einsam:* Das ist ja lächerlich! Schämen S i e sich. Was
kann ich dafür, wenn dein Wein, den du mir gibst, besoffen macht! Muß ich euer Geschwätz mitfressen, um meinen
Bauch vollstopfen zu können? Leckt mich am Arsch!

10 BAAL *setzt sich. Fast alle hinaus. Baal trinkt.*

EIN JUNGER MENSCH *Johannes, an der Tür, tritt näher:* Erlau-
ben Sie, daß ich Ihnen mein Bedauern ausdrücke. Diese
Leute haben sich wie Schweine benommen. Entschuldigen
Sie, darf ich Sie besuchen?

BAAL *brummt:* Lassen Sie mich in Ruhe.

JOHANNES *schnell ab.*

DIENER *räumen ab, das Glas vor Baal bleibt stehen.*

BAAL *stößt mit den Füßen nach ihnen:* Hm?

HAUSMEISTER Darf ich dem Herren die Garderobe bringen?
20 *Erhält einen Fußtritt.* Au! Flegel! Haben Sie nicht gehört,
Sie sollen sich entfernen! Haben Sie keine Ohren! Sind Sie
besoffen? Was erlauben Sie sich?! Sie versoffenes Genie!
*Er retiriert, da Baal ihm nachgeht, ihn in den Bauch stup-
fend. Die Diener ebenso. Eine Jagd beginnt.*

BAAL Hoppla! Ihr Schweine! Ihr munteren Lieblinge! Ihr
teuren Eunuchen! Hopp! Allez! Springhund! *Jagt sie.*

EINER *reißt das Glas weg. Baal auf ihn. Wirft ihn mit Stoß
um, die anderen zur Tür.*

HAUSKNECHT *tritt, die Ärmel hoch, mit Schwung herein:* Willst
30 du wohl, du! Hm? *Stürzt auf Baal los. Alle auf Baal los.
Knäul. Kampf.*

BAAL *steht inmitten Niedergeschlagener, Flüchtender, zerrauft, siegreich. Schreitet hinaus:* Mich stören! Ich will euch
zeigen, wer Herr ist!

Baals Dachkammer.

Sternennacht. Am Fenster Baal und der Jüngling Johannes.
Sie sehen Himmel.

BAAL Wenn man nachts im Gras liegt, ausgebreitet, merkt
man, daß die Erde eine Kugel ist und daß wir fliegen und
daß es auf dem Stern Mücken gibt, die Parasiten haben.

JÜNGLING Weißt du was von Astronomie?

BAAL Nein. *Pause.*

JÜNGLING Ich habe eine Geliebte, die ist das süßeste Weib, das
es gibt.

BAAL Wie ist sie?

JÜNGLING Braun und herrlich. Sie hat onyxglänzende Augen,
ganz rein, und eine bräunliche, helle Stirne, mit so zarten
Kanten, daß sie durchschimmernd scheinen, einen erdbeerroten Mund, ein schlankes Hälschen, volle dunkle Haare
und sehr zarte Glieder, wahrscheinlich, und eine braune
glatte Haut. Aber das ist nicht das Wesentliche, sie hat ein
lebendiges Herz, das sieht man noch in Händen zucken
und pulsen, und sie wird rot, wenn ich lache, und lacht wie
eine Taube so gurrend, ganz im Kehlkopf hinten, und ihr
Lächeln ist eine kleine Verwirrung, und sie schämt sich,
wenn sie etwas Liebes gesagt hat.

BAAL Ist sie unschuldig?

JÜNGLING Wunderbar, es gibt viele Grade von Unschuld.
Nicht? Aber sie ist manchmal wie Feuer. Und man würde
sich brennen, wollte man es zudecken.

BAAL Ist es wegen des Feuers?

JÜNGLING Ja! Ich liege Nächte lang wach, denn ich meine
manchmal, sie will »es«. Wir könnten uns noch mehr sein.
Manchmal sehe ich sie nachts auf einen Katzensprung. Da
zittert sie in meinen Armen, aber ich kann »es« nicht tun,
sie ist siebzehn.

BAAL Sie kann das Alter schon haben, aber tue es nicht. Es ist
so schöner. Du kannst ihr die Hand berühren oder sie um
die Hüfte fassen.

JÜNGLING Das wage ich nicht.

BAAL Dann tue es nicht, setze dich mit ihr ins Gras und streichle ihr den Arm. Mit neunzehn soll die Liebe noch geistig sein. Fühlst du ihre Kniee manchmal, die sicher sehr dünn sind und graziös und dazu neigen, zu taumeln und einzuknicken? Das ist alles genug, und der dünne Stoff vermehrt den Genuß. Stelle dir vor, daß sie weiße Wäsche trägt über den braunen Gliedern, ein schneeweißes Hemd, das ihr Kostbarstes sorgsam und keusch einhüllt. Du mußt dich selbst zu einer Hülle für sie machen, daß nichts
10 Schmutziges sie befleckt, denn wenn du sie genommen hast, bleibt nichts von ihr als ein Haufen Fleisch, der immer begehrt.

JÜNGLING Du sagst nur, was ich immer fühle. Ich meinte, es sei Feigheit; ich sehe, du hältst die Vereinigung auch für schmutzig.

BAAL Schäme dich, wie kannst du das meinen. Nur Schmutzfinken tun das. Wer schmutzige Hände hat, dem ist alles Schmutz. Es gibt keinen schöneren Genuß als den Körper eines jungen Weibes. Er darf nicht besudelt werden. Er ist
20 wild und geschmeidig wie der Leib eines Tigers und doch sanft und schmeichelnd, voller Wonne und ganz herrisch. Wenn du die jungfräulichen Hüften umspannst, zuckt warmes Leben in deinen Händen, und in der Angst und Seligkeit der Kreatur wirst du zum Gott. Im Tanz durch Höllen, hopp! und gepeitscht durch Paradiese, hopp! Ihr zittert, aber das ist Kraft, und du weißt nicht, bist du's oder ist es sie. Wie zwei Bäume die Wurzeln durcheinanderschieben, so verstricken sich eure Glieder, ihr versteckt euch eins im andern. Du weißt nicht, wessen Herz schlägt, wenn du's
30 fühlst, und was wie Kampf um Leben und Tod ist, ist die innigste Umarmung.

JÜNGLING Aber das Gesetz verbietet es und die Eltern.

BAAL Wenn du ihnen gehorchen kannst, gehorche. Denn die Qual ist furchtbar, die daraus erwächst, aber die Liebe muß alle Schranken durchreißen und auf sich tragen. Wie der Strom das Wehr durchdonnert, sprengt, und auf massigen Schultern mit sich trägt. Sieh, ihr junger schmaler Leib windet sich einmal in Schmerz, und die köstlichen Hüften zucken vor Wehen. Es muß aus ihr heraus unter Qual, was sie mit Wollust empfing, und ihr Leib zerfällt, und sie wird matt auf den Tod. Darum ist es kein Spiel, und auch darf es niemand verbieten, denn es ist eine Sache eines jeden Menschen selbst, und er kann sterben daran. Aber die Liebe ist wundervoll und für alle Geschlechter gleich herrlich. Sie ist, wie wenn man in eine Orange beißt, daß der Saft einem in die Zähne schießt.

JÜNGLING Deine Zähne sind wie die eines Tieres: graugelb, massiv, unheimlich.

BAAL Und die Liebe ist, wie wenn man seinen nackten Arm in kühlem Teichwasser schwimmen läßt, mit Tang zwischen den Fingern, wie die süße Qual, vor der der trunkene Baum knarrend zu singen anhebt, auf dem der wilde Wind reitet, wie ein schlürfendes Ertrinken im Wein an einem heißen Tag, und ihr Leib rinnt einem wie sehr kühler Wein in alle Lücken und Falten, und die Kraft kracht in den Gelenken, und die Wucht des Anpralls, der nachgegeben wird, ist wie Fliegen gegen Sturm, und es nimmt einem den Atem und preßt einen zusammen, daß die Kraft inwendig noch steigt und übermächtig wird und explodiert, und ihr Leib wälzt sich wie kühler Kies über dich. Aber die Liebe ist auch wie eine Kokosnuß, die gut ist, solange sie frisch ist, und die man ausspeien muß, wenn der Saft ausgequetscht ist und das Fleisch überbleibt, welches bitter schmeckt.

JÜNGLING Du meinst also, ich soll »es« tun, wenn es so selig ist?

BAAL Ich rate dir: Hüte dich davor.

Branntweinschenke.

Grauer Vormittag. Baal. Fuhrleute. Ekart im Hintergrund mit der Kellnerin.

BAAL *erzählt den Fuhrleuten:* Er hat mich aus seiner Soirée hinausgeworfen, weil ich sein Essen und sein Geschwätz, nicht aber seinen Wein und seine Verse vertrug. Aber seine Frau kam abends zu mir, und es gab eine Festivität. Jetzt hab ich sie satt.

FUHRLEUTE Der gehört der Arsch verschlagen. – Geil sind sie
10   wie Stuten, aber dümmer. – Ich hau mein Weib immer blau, vor ich sie zusammenhauen tu.

JOHANNES *mit Johanna tritt ein:* Das ist Johanna.

BAAL *zu den Fuhrleuten, die aufstehen:* Ich komme dann zu euch hinter und singe. Guten Tag, Johanna.

JOHANNA Johannes hat mir Gedichte von Ihnen vorgelesen.

BAAL Wie alt sind Sie eigentlich?

JOHANNES Siebzehn war sie im Juni.

JOHANNA Ich bin eifersüchtig auf Sie. Er redet nur von Ihnen.

BAAL Sie sind sehr verliebt in Ihren Johannes, wie? *Lacht*
20   *breit.* Na, ich warte auf die Frau des Bureauchefs, Johannes. Laß dir nichts merken!

JOHANNES Ich begreife beglückt, daß dir Männerherzen zufliegen. Aber wie kannst d u Glück bei Frauen haben?

BAAL Da kommt sie, guten Tag, Emmi! Setz dich!

EMMI *gut gekleidet, nervös, etwas herrisch, begrüßt Ekart kühl:* Wie kannst du mich hierher bestellen! Lauter Gesindel und eine Branntweinschenke! Das ist geschmacklos.

BAAL *schreit:* Luise! Einen Korn für die Dame!

EMMI Willst du mich lächerlich machen?

30 BAAL Nein, du wirst trinken. Mensch ist Mensch.

EMMI Du bist unverschämt.

BAAL Das weißt du. *Hält Luise das Glas hin.* Nicht zu knapp, Jungfrau. *Umfaßt sie.* Du bist verflucht weich, du!

JOHANNES *etwas verlegen:* Es ist jedenfalls sehr interessant hier, gnädige Frau. Das einfache Volk. Die Gebräuche. Es ist Kraft in ihnen, gnädige Frau.

JOHANNA Sollen wir nicht gehen, Johannes?

BAAL Nichts da! Dageblieben! Nur nicht genieren! *Sieht unter den Tisch.* Wer tritt mich denn da? Bist du's, Luise?... Ach so, du, Emmi! Na, es macht nichts! Trink nur!

EMMI *halb aufgestanden:* Ich weiß nicht, was du hast... Es war vielleicht doch nicht recht, daß ich hierherkam...

BAAL Merkst du das erst jetzt? Jetzt kannst du ruhig bleiben.

JOHANNA Das sollten Sie nicht sagen, Herr Baal.

10 BAAL Sie haben ein gutes Herz, Johanna. Sie betrügen aber auch Ihren Mann einmal nicht, hm?

EIN FUHRMANN *lacht laut:* Trumpfsau! Gestochen! –

EIN 2. FUHRMANN Nur weiter, sagt das Mädchen, es wird nimmer enger! *Sie lachen.*

EIN 3. FUHRMANN Schäm dich, untreu sein! sagte die Frau zum Knecht ihres Mannes, der bei der Magd lag.

EMMI *legt den Kopf auf die Arme:* Ich schäme mich ja so...

BAAL *steht auf:* Komödie! *Geht zu den Fuhrleuten, nimmt die Gitarre von der Wand und stimmt sie.*

20 JOHANNA Er hat getrunken, gnädige Frau. Morgen ist es ihm leid.

EMMI Wenn Sie wüßten: So war er immer. Und ich liebe ihn.

BAAL *singt:*

Orge sagte mir: Der liebste Ort, den er auf Erden hab
sei nicht der Rasenplatz am Elterngrab.
Sei nicht ein Beichtstuhl, nicht ein Hurenbett
und nicht ein Schoß weich weiß und warm und fett.
Orge sagte mir: Der liebste Ort
auf Erden war ihm immer der Abort.
30 Dies sei ein Ort wo man zufrieden ist
daß drüber Sterne sind und drunter Mist.
Ein Ort sei einfach wundervoll, wo man
selbst in der Hochzeitsnacht allein sein kann.
Ein Ort der Demut, dort erkennst Du scharf,
daß Du ein Mensch nur bist, der nichts behalten darf.
Ein Ort der Weisheit wo Du Deinen Wanst
für neue Lüste präparieren kannst.

Wo man indem man leiblich lieblich ruht
sanft doch mit Nachdruck etwas für sich tut.
Und doch erkennst Du dorten was Du bist:
Ein Bursche der auf dem Aborte frißt!

DIE FUHRLEUTE *klatschen:* Bravo! – Ein feines Lied! – Einen
Sherry Brandy für den Herrn Baal, wenn Sie's annehmen
wollen! – Und das hat er selber eigenhändig gemacht! –
Respekt!

LUISE *in der Mitte des Zimmers:* Sie sind einer, Herr Baal!

10 EIN FUHRMANN Wenn S i e sich auf etwas Nützliches werfen
würden, Sie kämen auf einen grünen Zweig. Sie könnten
gradewegs Spediteur werden!

EIN 2. FUHRMANN So einen Kopf müßte man halt haben!

BAAL Machen Sie sich nichts draus. Dazu gehört auch ein
Bauch und das übrige! Prost, Luise! *Geht an seinen Tisch
zurück.* Prost, Emmi! Na, so trink doch wenigstens, wenn
du sonst nichts kannst! Trink, sag ich!

EMMI *mit Tränen in den Augen, nippt an dem Schnapsglas:*
Ich kann doch nichts dafür ...

20 BAAL So ist es recht. Jetzt kommt in dich wenigstens a u c h
Feuer!

EKART *hat sich erhoben, kommt langsam hinter dem Schanktisch vor zu Baal. Er ist hager und sonnenverbrannt, ein
mächtiger Bursche:* Baal! Baal! Laß das! Geh mit mir,
Bruder! Landstraße, Heuhütte, Bauerndiele, Wald! Das
gibt Blut! Sind wir Künstler? Weißt du noch, wie der
Himmel aussieht? Du bist ein Tenor geworden! *Breitet die
Arme.* Komm mit mir, Bruder! Tanz und Musik und Trinken! Regen bis auf die Haut! Sonne bis auf die Haut!
30 Finsternis und Licht! Weiber und Hunde! Bist du schon
verkommen?

BAAL Luise! Luise! Einen Anker! Her zu mir! Laß mich nicht
mit dem! *Luise zu ihm.*

JOHANNES Laß dich nicht verführen! Denk an deine Mutter
und an deine Kunst. Sei stark! *Zu Ekart:* Schämen Sie sich!
Sie sind der Teufel!

EKART Kommt, Bruder Baal! Wie zwei weiße Tauben fliegen

94

wir selig ins Blau! Flüsse im Frühlicht! Gottesacker im
Wind und der Geruch der unendlichen Felder, vor sie ab-
gehauen werden!

JOHANNA Bleiben Sie stark, Herr Baal!

EMMI *fliegt auf ihn zu, drängt sich an ihn:* Du darfst nicht!
Hörst du!

BAAL Es ist zu früh, Ekart! Es geht noch anders! Sie gehen
nicht mit, Bruder!

EKART So fahr zum Teufel, du Kindskopf mit dem Fettherz!
Ab.

FUHRLEUTE Heraus mit dem Eichelzehner! – Teufel! Zählen!
Schluß!

BAAL Sei lieb, Luise! Bist du heut frei?

EMMI Du sollst nicht so reden, Baal. Du weißt nicht, was du
mir tust.

LUISE Lassen Sie mal doch die Madam, Herr Baal, daß die
nicht bei sich ist, sieht doch 'n Kind!

BAAL Heut nacht wird sie entschuldigt. Horgauer!

EIN FUHRMANN Was wollen Sie von mir!

BAAL Die da ist heiß. Sie will Liebe haben. Küß sie mal!

JOHANNES Baal! *Johanna umarmt Emmi.*

FUHRLEUTE *lachen und hauen auf den Tisch:* Immer zu, Andreas! – Faß mal an! – Feine Ware! Schneuz dich vor,
André! – Sie sind ein Viech, Herr Baal! *Gelächter.*

BAAL Wirds bald! Emmi, er ist schüchtern. Küß d u , hopp!
Ich zähle auf drei: Wenn du's nicht tust, ist es unweigerlich
Schluß. Sonst gibts heut nacht Honorar: Eins, zwei ...
wirds bald! *Der Kutscher ist nahe getreten und beugt sich.*

EMMI *hebt ihm ihr tränenüberströmtes Gesicht entgegen. Der
Kutscher küßt sie schallend. Großes Gelächter.*

JOHANNES Das war nicht schön, Baal!

JOHANNA Pfui! Schämen Sie sich!

DIE KUTSCHER *lachend:* Bravo! Was läuft sie in Schenken! – So
soll ein Mannsbild sein! – Dieses ist eine Ehebrecherin. –
So gehört ihrs! – *Auf Baal zu, aufbrechend.*

BAAL *ist aufgestanden. Streckt sich:* Habt ihrs gefühlt, ist es
durch die Haut gegangen? Das war mal Zirkus! Man muß
das Tier herauslocken! In die Sonne mit dem Tier! Bezah-

len! Ans Tageslicht mit der Liebe! Zahn um Zahn! Nackt
in der Sonne, unter dem Himmel!

DIE FUHRLEUTE *schütteln ihm die Hand:* Servus, Herr Baal! –
Gehorsamster Diener! – Sehen Sie, Herr Baal, ich für mein
Teil habe nur geglaubt: Mit dem Herrn Baal seinem Kopf
spukts inwendig etwas. Mit den Gedichten da und Sie
wissen schon, Herr Baal! Aber jetzt sehe ich, daß Sie das
Herz auf dem rechten Fleck haben. – Respekt! Einen guten
Morgen! Man muß die Frauensleute richtig behandeln!
Einen guten Morgen!

BAAL Einen guten Morgen, Leute! *Sieht sich um. Emmi hat
sich über die Bank geworfen und schluchzt. Baal fährt sich
mit dem Handrücken über die Stirn.* Emmi! Du kannst
mal ruhig sein. Jetzt hast du's ja hinter dir! *Hebt ihr das
Gesicht, streichelt ihr das Haar aus der Stirn.* Vergiß es!
Wirft sich schwer über sie und küßt sie.

Baals Dachkammer.
Abend.

BAAL *zur Schnapsflasch, sie umfassend:* Wenn ich noch länger
arbeite, dann fängt das Loch an zu singen. Also singe ich.
Eine kleine Festivität kann nicht schaden. Dabei fällt mir
einiges ein. Vorgestern schlief ich bei einer Dame, die sonst
vom Teufel geritten wurde. In der Dämmerung erhob ich
mich und ging aus dem Hotel, absolut nackt unter dem
Mantel, heim. Als ich ihr Antlitz zum letztenmal küßte,
war es tränennaß. Sie blieb bleich zurück in der Dämmerung. Dann habe ich Papier vollgeschrieben und Blut geschwitzt. Damit ich schrieb. Wer soll das lesen können? Du
bist mein einziger Trost, Lethe, aber ich darf noch nicht.
Du spiegelst seit 2 Tagen mein Papier und bist unberührt.
Ich schone uns, aber dieses Herz will nicht singen aus mir,
und die Brust ist verschleimt. Ich bin zur Qual geboren,
und ich habe keine Ruhe. Blut füllt mir die Augen, und

meine Hände zittern wie Laub. Ich will etwas gebären! Ich muß etwas gebären! Mein Herz schlägt ganz schnell und matt. Aber mitunter dumpf wie ein Pferdefuß, du weißt! Der Geruch der wilden Mainächte ist in mir. Die Liebe ist wie ein Strudel, der einem die Kleider vom Leibe reißt und einen nackt begräbt, nachdem man Himmel gesehen hat, blauen, unermeßlichen, nichts als Himmel, blauen, unersättlichen, offenen. Der Sommer singt aus mir mit einer sanften und lauthallenden Stimme, wie die von Frauen beim Pflügen, und mein eigener Leib ist voll fremder Unruhe, ich liebe Weine, einzige Lethe, aber ich bin ein großer Liebender, Gott weiß, daß ich es ernst nehme, ich gehe immer aufs Ganze. Ich verschmähe die romantische Schwärmerei, warum wird dieses Werk nicht fertig, dieses gottgewollte, verfluchte, selige, gefräßige! Musik quillt aus mir, ich kann sie nicht halten, sie versickert im Sand wie ein fruchtbarer Quell, und ich dorre darüber aus.

BAAL *erhebt sich mühsam, ans Fenster:* Morgenluft! Wie Ameisen, diese überflüssigen Menschlein! Immerhin: Es sind Zuschauer. Ein Zug Luft in die Lungen! Dann weitergeschuftet! Ich will Sommer schaffen! Wild, rot, gefräßig. Einen blauen Himmel drüber, der lastet, eine Last von Himmel darüber! Die Bäume schwitzen nachts. Tau. *Sich wendend, greift er taumelnd an die Brust.* Verdammt! Das Herz! Jetzt sind es erst 3 Nächte und 2 Akte und schon? Unsinn. Stillgestanden, sagt der liebe Gott erst danach. *Er fällt auf einen Stuhl nach vorn, stöhnt.*

MUTTER *draußen:* Was ist, Baal? Was schreist du wieder. Seit gestern nacht hab ich kein Auge zugetan! Warum riegelst du wieder zu? Hast du wieder einmal ein Mensch drinnen? Die eigene Mutter aussperren! Das ist viehisch! Aber das sieht dir ja so gleich! O du! *Schluchzt draußen.*

BAAL Es ist ja auf, Mutter! Ich bin ein wenig unwohl.

MUTTER *tritt ein:* Das glaube ich! Du trinkst schon wieder! O du Schwamm! Anstatt daß du arbeiten würdest und deiner alten Mutter das Leben nicht zu einer Hölle machen. Es i s t eine Hölle. *Nimmt die Tinte weg.*

BAAL Mutter, ich bin krank.

MUTTER Betrunken bist du! Und deine Faulheit stinkt zum Himmel. Seit 3 Tagen hast du nicht einen Schritt ins Bureau getan, und mit deinem Chef muß auch etwas spucken. Hör doch auf mit dem Geschnaufe! Das kenne ich anfangs! Darf i c h schnaufen? Da flackt er da wie ein Tier und bricht zusammen, in Schweiß gebadet, und zittert, als habe er Gott weiß was gearbeitet, und derweil ist er vollgesoffen wie ein Schwamm und hat nichts getan, als geträumt und die verfluchte Tinte! Und ich weiß nicht, woher den Miet-
10 zins bezahlen für den Herrn Sohn. Was habe ich denn für all meine Mühe und Plage, von früh 5 bis nachts 11, waschen und nähen und Fußtritte und d i e s e Hände! Noch nicht eine Freude habe ich an dir gehabt, seit du lebst!

BAAL *gequält:* Aber vorher, Mama!

MUTTER *weint:* O du Gotteslästerer. D a s ist es! Und wie habe ich dafür gebüßt . . .

BAAL *weicher:* Mutter, sei jetzt ruhig!

MUTTER Aber du weißt ja nicht . . . Du bist ja so sinnlos besoffen. *Schaut die Flasche an und bricht in ein Gelächter*
20 *aus. Triumphierend.* Hahaha! Das ist ausgezeichnet! Jetzt hat er justament die falsche Flasche erwischt, die ich mit klarem Brunnenwasser gefüllt habe! *Zur Besinnung gekommen.* Aber dann kannst du ja nicht . . . *Rüttelt ihn.* Was ist mit dir? He! Warum zitterst du so? Anworte doch! Wenn du nicht getrunken hast, warum sagst du es dann nicht? Deine Verstocktheit und Bosheit bringt mich noch untern Boden. Dann wirst du ihn mit deinen Nägeln aufkratzen wollen, wenn du noch welche hast bei deiner Lebensweise!

30 DER AMTSBOTE *kommt mit dem blauen Brief:* Herr Inzipient! Vom Rentamt! Ich bekomme 20 Pfg. Frau Baal! *Näher tretend.* Aber wie schaut der Herr Inzipient denn aus! Ist er krank? Warum meldet er nichts, daß er krank ist? So meint man eben . . . *Richtet ihn auf, da er vom Stuhl gesunken ist, trocknet ihm die Stirn.* Ein Anfall, wie? *Schleppt ihn zum Bett.* Nicht geschlafen? Herr Inzipient!

MUTTER *hat den Brief geöffnet, tonlos:* Jetzt ist alles aus. *Fährt sich mit der Hand über die Stirn, besinnungslos.*

AMTSBOTE Geben Sie her! Entlassen! *Pause.*

BAAL Wie heißt es?

AMTSBOTE Da für Genies Ihrer Sorte eine so ermüdende Arbeit wie die eines Schreibers, die Sie ja selbst tagelang fliehen, nicht mit dem Verantwortlichkeitsgefühl der Behörde vereinbar ist, sind Sie ab 1. Juni aus dem Dienst der Stadt entlassen. Unterschrift: Der Chef selbst. Es tut mir leid, Herr Inzipient, bzw. Baal!

BAAL Baumann, manchmal träume ich von einem See, der ist tief und dunkel, und zwischen die Fische lege ich mich und schaue den Himmel an. Tag und Nacht, bis ich verfault bin.

AMTSBOTE Unter diesen Umständen verzichte ich auf die 20 Pfg., obwohl ich auch leben muß. Habe die Ehre. *Ab. Pause.*

BAAL *hebt sich mühsam hoch:* Mutter! Entschuldige! *Sieht sie, steht langsam auf, geht schwankend zu ihr, legt den Arm um sie.* Nicht weinen, Mutter!

MUTTER *umarmt ihn schluchzend:* O Baal. *Pause.*

BAAL Ich geh in den Wald und verdien was, Mama.

MUTTER Du willst mich stützen und hältst dich an mir an ...

JÜNGLING *mit seinem Mädchen tritt ein:* Frau Baal, das ist meine Braut.

BAAL *bezwingt sich:* Darf ich bitten? Mutter, das ist mein Freund!

MUTTER *gibt ihm scheu die Hand, knickst vor dem Mädchen, ab.*

JOHANNES Du bist davongejagt. Was tust du? Wirst du Lyrik verkaufen?

BAAL Ich habe mich entschlossen, in den Wald zu gehen. Dort kann man leben.

JOHANNA Guten Tag, Herr Baal.

BAAL Es freut mich, Sie zu sehen, Johanna!

Baals Kammer.

Morgendämmerung. Baal und Johanna (auf dem Bettrand sitzend).

JOHANNA Oh, was habe ich getan. Ich bin schlecht.

BAAL Laß das Geflenne. Après le déluge. Zieh dich an, sorg, daß es daheim niemand merkt. Und mach rasch!

JOHANNA Ich weiß noch gar nicht, wie ...

BAAL Er ist an allem schuld. Schleppt dich rauf, schmeißt dich auf mein Bett, rennt weg. Und bringt eine Ewigkeit den Schirm nicht.

JOHANNA *leis:* Wenn er da war ...

BAAL hat er hoffentlich nicht gehorcht, hm. Ich hab saumäßig satt; überfressen! *Legt sich nieder.* Aber jetzt kommt das *(gähnt)* Li-te-rarische.

JOHANNA Willst du nicht das Fenster aufmachen?

BAAL Bitte sehr! *Bleibt liegen.* Was meinst du zu einer frischen Auflage? Hin ist hin.

JOHANNA Daß Sie so gemein sein können.

BAAL *faul auf dem Bett:* Entschuldige.

JOHANNA So helfen Sie mir doch wenigstens mein Leibchen suchen. Ich kann doch so nicht ...

BAAL *hält es ihr hin:* Da.

JOHANNA *seltsam:* Heim, wollte ich sagen. *Läßt es fallen. Zieht sich dann an.*

BAAL *pfeift:* Ein wildes Geschöpf bist du. Mir tut alles weh. Herrliche Beine hast du! Gib mir einen Kuß.

JOHANNA *ist angezogen, steht am Tisch, mitten im Zimmer, versunken. Mit dünner Stimme, atemlos:* Hast du mich lieb? *Baal pfeift und wendet den Kopf.* Bei deiner Mutter: Sag es mir! Daß du mich lieb hast! *Pause.*

BAAL Weißt du was: Ich hab es satt!

JOHANNA *räumt gedankenlos den Tisch ab:* Und du hattest mich nie ... gern?

BAAL Ach was, Dummheiten! Gib mir einen Kuß und mach, daß du heimkommst! Dem Johannes kannst du sagen, ich hätte dich gestern heimgebracht und sei auf ihn zornig. *Wickelt sich in die Decke.*

JOHANNA *schwer zur Tür:* Johannes . . . *Ab.*

BAAL *kehrt sich scharf um:* Zum Teufel! Geht die einfach! *Springt raus, öffnet die Tür, ruft.* Johanna! Johanna! *Zum Fenster.* Da läuft sie hin! *Sinkt in einen Stuhl.*

Bäume am Abend.

Sechs oder sieben Baumfäller sitzen an Bäume gelehnt. Darunter Baal. Im Gras ein Leichnam.

EIN HOLZFÄLLER Es geschah am Nachmittag. Eine Eiche hat ihn erschlagen. Er war nicht gleich tot, sondern litt noch.

10   2. HOLZFÄLLER Heute früh sagte er noch, das Wetter scheine ihm besser zu werden. So liebe er es: blau, mit einigen Wolken. Und das Holz nicht zu trocken.

EIN DRITTER Er war ein guter Bursche, der Teddy. Früher hatte er irgendwo einen kleinen Laden. Das war seine Glanzzeit. Da war er noch dick wie ein Pfaffe. Aber er ruinierte das Geschäft wegen einer Weibersache und kam hier herauf, und da verlor er seinen Bauch mit den Jahren.

EIN ANDERER Erzählte er nie was von der Sache mit den Weibern?

20 DER DRITTE Nein. Ich weiß auch nicht, ob er wieder hinunter wollte. Er sparte ziemlich viel, aber da kann auch seine Mäßigkeit dran schuld gewesen sein. Wir erzählen hier oben nur Lügen. Es ist besser so.

EINER Vor einer Woche sagte er, im Winter gehe er nach Norden hinauf. Da scheint er irgendwo eine Hütte zu haben. Sagte ers nicht dir, wo, Elefant? *Zu Baal:* Ihr spracht doch davon?

BAAL Laßt mich in Ruh. Ich weiß nichts.

DER VORIGE Du wirst dich wohl selbst hineinsetzen wollen, 30 hm?

DER ZWEITE Auf den ist kein Verlaß. Erinnert euch, wie er unsere Stiefel über Nacht ins Wasser hing, daß wir nicht in den Wald konnten, nur weil er faul war wie gewöhnlich.

EIN ANDERER Er tut nichts für das Geld.

BAAL Streitet heut doch nicht! Könnt ihr nicht ein wenig an den armen Teddy denken?

EINER Wo warst du denn, als er vollends gar machte?

BAAL *erhebt sich und trollt sich quer übers Gras zu Teddy. Setzt sich dort nieder.*

EINER Baal geht nicht grad, Kinder!

ANDERER Laßt ihn! Der Elefant ist erschüttert.

DER DRITTE Ihr könntet heut wirklich etwas ruhiger sein, solang der da noch daliegt.

DER ANDERE Was tust du mit Teddy, Elefant?

BAAL *über ihm:* Der hat seine Ruhe, und wir haben unsere Unruhe. Das ist beides gut. Der Himmel ist schwarz. Die Bäume zittern. Irgendwo blähen sich Wolken. Das ist Szenerie. Man kann essen. Nach dem Schlaf wacht man auf. Er nicht. Wir. Es ist doppelt gut.

DER ANDERE Wie soll der Himmel sein?

BAAL Der Himmel ist schwarz.

DER ANDERE Im Kopf bist du nicht stark. Es trifft auch immer die Unrichtigen.

BAAL Ja, das ist wunderbar, Lieber, da hast du recht.

EINER Baal kann es nicht treffen. Er kommt nicht dahin, wo gearbeitet wird.

BAAL Teddy hingegen war fleißig. Teddy war freigebig. Teddy war verträglich. Davon blieb eines: Teddy w a r.

DER ZWEITE Wo er wohl jetzt ist?

BAAL *auf den Toten deutend:* Da ist er.

DER DRITTE Ich meine immer, die Armen Seelen, das ist der Wind, abends im Frühjahr besonders, aber auch im Herbst meine ich es.

BAAL Und im Sommer, in der Sonne, über den Getreidefeldern.

DER DRITTE Das paßt nicht dazu. Es muß dunkel sein.

BAAL Es muß dunkel sein, Teddy. *Stille.*

EINER Wo kommt der eigentlich hin, Kinder?

DER DRITTE Er hat niemand, der ihn will.

DER ANDERE Er war nur für sich auf der Welt.

EINER Und seine Sachen.

DER DRITTE Es ist nicht viel. Das Geld trug er wohin, auf eine Bank. Da wird es liegen bleiben, auch wenn er ausbleibt. Weißt du was, Baal?

BAAL Er stinkt immer noch nicht.

EINER Da habe ich eben einen sehr guten Einfall, Kinder.

DER ANDERE Heraus damit!

DER MANN MIT DEM EINFALL Nicht nur der Elefant hat Einfälle, Kinder. Wie wäre es, wenn wir auf Teddys Wohl eins tränken?

10 BAAL Das ist unsittlich, Bergmeier.

DIE ANDEREN Quatsch, unsittlich. Aber w a s sollen wir trinken? Wasser? Schäme dich, Junge!

DER MANN MIT DEM EINFALL Schnaps!

BAAL Ich stimme für den Antrag. Schnapps ist sittlich. Was für einer?

DER MANN MIT DEM EINFALL Teddys Schnaps.

DIE ANDEREN Teddys? – Das ist glänzend. – Das Quant! – Teddy war sparsam. – Das ist ein guter Einfall von einem Idioten, Junge!

20 DER MANN Feiner Blitz, was! Was für eure Dickschädel: Teddys Schnaps zu Teddys Leichenfeier! Billig und würdig! Hat schon einer eine Rede auf Teddy gehalten? Gehört sich das etwa nicht?

BAAL Ich.

EINIGE Wann?

BAAL Vorhin. Bevor ihr Unsinn schwatztet. Sie ging an mit: Teddy hat seine Ruhe ... ihr merkt alles erst, wenn es vorbei ist.

DIE ANDEREN Schwachkopf! Holen wir den Schnaps.

30 BAAL Es i s t eine S c h a n d e.

DIE ANDEREN Oho. Und warum, gerechter Herr?

BAAL Es i s t Teddys Eigentum. Das Fäßchen d a r f nicht erbrochen werden. Teddy hat eine Frau und fünf arme Waisen.

EINER Vier. Es sind nur vier.

ANDERER Jetzt kommt es plötzlich auf.

BAAL Wollt ihr Teddys fünf armen Waisen den Schnaps ihres armen Vaters wegsaufen? Ist das Religion?

DER VORIGE Vier. V i e r Waisen.

BAAL Teddys vier Waisen den Schnaps von den Mäulern wegsaufen?

EINER Teddy hatte überhaupt keine Familie.

BAAL Aber Waisen, meine Lieben, Waisen.

EIN ANDERER Meint ihr, die da dieser verrückte Elefant uzt,
Teddys Waisen werden Teddys Schnaps saufen? Gut, es
i s t Teddys Eigentum...

BAAL *unterbricht:* War es...

10 DER ANDERE Was willst du wieder d a mit?

EINER Er schwatzt nur. Er hat gar keinen Verstand.

DER ANDERE Ich sage: Es war Teddys Eigentum, und wir werden es also bezahlen. Mit Geld, gutem Geld, Jungens.
Dann können die Waisen anrücken.

ALLE Das ist ein guter Vorschlag. Der Elefant ist geschlagen.
Er muß verrückt sein, da er keinen Schnaps will. Gehn wir
ohne ihn zu Teddys Schnaps!

BAAL *ruft ihnen nach:* Kommt wenigstens wieder hierher, ihr
verfluchten Leichenräuber! *Zu Teddy:* Armer Teddy! Und
20 die Bäume sind so stark heut, und die Luft ist gut und weich
dazu, und ich fühl mich innerlich geschwellt, armer Teddy,
kitzelt es dich nicht? Du bist völlig erledigt, laß es dir
erzählen, du wirst bald stinken, und der Wind geht weiter,
alles geht weiter, und deine Hütte weiß ich, wo die steht,
und dein Besitztum nehmen dir die Lebendigen weg, und
du hast es im Stich gelassen und wolltest nur deine Ruhe.
Dein Leib war noch nicht so schlecht, Teddy, ist es jetzt
noch nicht, nur ein wenig beschädigt, auf der einen Seite,
und dann die Beine – mit den Weibern wäre es ausgewe-
30 sen, sowas legt man nicht zwischen ein Weib. *Er hebt das
Bein des Toten.* Aber alles in allem, in dem Leib hätte es
sich noch leben lassen bei b e s s e r e m Willen, mein Junge,
aber deine Seele war eine verflucht noble Persönlichkeit,
die Wohnung war schadhaft, und die Ratten verlassen das
sinkende Schiff; du bist lediglich deiner Gewohnheit unter-
legen, ᵀeddy.

DIE ANDEREN *kehren zurück:* Hoho, Elefant, jetzt gibts was!
Wo ist das Fäßchen Brandy unter Teddys altem Bett, Jun-

ge? – Wo warst d u , als wir uns mit dem armen Teddy be-
schäftigten. Da war Teddy noch nicht mal ganz tot? – Wo
warst du da, du Schweinehund, du Leichenschänder, du Be-
schützer von Teddys armen Waisen, hm?

BAAL Es ist gar nichts erwiesen, meine Lieben!

DIE ANDEREN Wo ist dann der Schnaps? Hat ihn, nach deiner
werten Ansicht, das Faß gesoffen? – Es ist eine verflucht
ernsthafte Angelegenheit, Junge. – Steh einmal auf, du,
erhebe dich! Geh einmal vier Schritte und leugne dann,
daß du erschüttert bist, innerlich und äußerlich vollkommen zerrüttet, du großer Moralist! – Auf mit ihm, kitzelt
ihn etwas, Jungens, den Schänder von Teddys armer Ehre!
Baal wird auf die Beine gestellt.

BAAL Schweinebande! Tretet mir wenigstens den armen
Teddy nicht! *Er setzt sich und nimmt den Arm der Leiche
unter seinen Arm.* Wenn ihr mich mißhandelt, fällt Teddy
aufs Gesicht. Ist das Pietät? Ich bin in der Notwehr. Ihr
seid sieben, sie-ben, und habt nicht getrunken, und ich bin
ein einziger und habe getrunken. Ist das fein, ist das ehr-
lich, sieben auf einen? Beruhigt euch! Teddy hat sich auch
beruhigt!

EINIGE *traurig und empört:* Dem Burschen ist nichts heilig. –
Gott sei seiner besoffenen Seele gnädig! – Er ist der hart-
gesottenste Sünder, der zwischen Gottes Wänden herum-
läuft.

BAAL Setzt euch, ich mag die Pfäfferei nicht. Es muß immer
Klügere geben und Schwächere im Gehirn. Das sind dafür
die besseren Arbeiter. Ihr habt gesehen, ich bin ein g e i -
s t i g e r Arbeiter. Ihr hattet nie die rechte Ehrfurcht,
meine Lieben! Und was kommt bei euch in Bewegung, wenn
ihr den guten Schnaps in euch begräbt? Aber ich mache Er-
kenntnisse, sage ich euch! Ich habe zu Teddy höchst wesent-
liches gesagt. Aber ihr mußtet ja fortlaufen nach dem er-
bärmlichen Schnaps. Setzt euch: Seht euch den Himmel an
zwischen den Bäumen, der jetzt dunkel wird. Ist das nichts?
Dann habt ihr keine Religion im Leibe!

Höhlenartiges Blockhaus.

Halbdunkel. Rechts oben ein Spalt. Baal. Ekart.

BAAL Wenn der Winter nicht bald aufhört, hör ich auf.

EKART Du hast dein Teil Holz immer noch nicht gehackt.

BAAL Du bist wohl mit deiner Messe beschäftigt?

EKART Jedenfalls werde ich für heut nicht schon wieder das Zeug im Dorf drunten holen.

BAAL Du verkommst völlig. Ich habe Hunger.

EKART Hättest du den Baumfällern geholfen!

10 BAAL Es war zu kalt. Und das sind keine Menschen, mit denen ich arbeiten kann.

EKART Dann mußt du auch still sein.

BAAL Hab ich mich beklagt? – *Langt mit der Rechten in die linke Achselhöhle unter das Hemd.* Mein Hemd ist verflucht weit geworden, je dreckiger es wurde! Es ging noch jemand rein. So ein bleicher Leib, der warm macht. Es muß Frühjahr werden! Wann meinst du, daß heut die Sonne kommt?

EKART Gegen Mittag.

20 BAAL Jetzt ist es Mittag.

EKART Es hat noch 2 Stunden bis dahin.

BAAL Ich sehe es an meiner Uhr.

EKART Dem albernen Baumgestell, das dich drei Arbeitstage gekostet hat?

BAAL Dieses alberne Baumgestell zeigt uns die Zeit an.

EKART Eine schöne Uhr!

BAAL Jedenfalls ist es jetzt Mittag.

EKART Dann kommt die Sonne.

BAAL Wo ist sie?

30 EKART Es ist j e t z t schon wärmer.

BAAL Die Sonne kommt heut 5 Minuten früher als gestern, aber erst gegen 2 Uhr nachmittags.

EKART Warum, hat sie es dir gesagt?

BAAL Weil es Frühling wird.

EKART Jetzt ist es Mitte Februar.

BAAL Und wird schon Frühling.

EKART Ich höre schon Grillen.

BAAL *streckt sich, steht auf:* Es wird Frühling. Dann tanze ich.

EKART Tiefer, als du jetzt gesunken bist, kannst du jedenfalls nimmer sinken.

BAAL Doch das kann ich. Und jetzt sinke ich. Wie durch eine milde Luft, gebläht wie ein Ballon, das ist meine Bestimmung.

EKART Laß mich schlafen. Es ist zu kalt zum Streiten.

BAAL Bitte – jetzt wird es Frühling. *Legt sich.*

10 EKART Warum legst du dich dorthin?

BAAL Schlafen, bis es Frühling wird.

Sie schlafen beide. Stille. Durch die Spalte rechts oben ein Strahl Sonne auf den Platz, wo Baal schläft.

Baals Kammer.

Abend. Unten spielt ein Klavier. Auf der Treppe Geschrei.

BAAL *schleppt auf beiden Armen Sophie Dechant herein. Sie ist in Weiß gekleidet.* So. Frühling. Es schmilzt draußen. Dazu der scharfe Wind. Und hier war es zu leer ohne dich. *An der Tür, horcht.* Sie verlaufen sich. Idioten!

20 SOPHIE DECHANT Sie sind uns nachgelaufen, als Sie mich drunten vor der Tür aufhoben. Man wird mich finden.

BAAL Hier findet dich niemand.

SOPHIE DECHANT Ich kenne Sie gar nicht. Was wollen Sie mir tun?

BAAL Wenn du das fragst, dann kannst du wieder gehen.

SOPHIE DECHANT Sie haben mich auf offener Straße überfallen. Ich dachte, es sei ein Orang Utan.

BAAL Es ist auch Frühjahr. Es mußte etwas Weißes in diese verfluchte Höhle! Eine Wolke! *Macht die Tür auf, horcht.*

30 Die Idioten sind fort.

SOPHIE DECHANT Lassen Sie mich bitte gehen!

BAAL *macht die Tür weit auf:* Im ersten Stock unten müssen Sie rechts gehen.

SOPHIE DECHANT Ich werde doch davon gejagt, wenn ich zu
    spät heimkomme.
BAAL Besonders so.
SOPHIE DECHANT Wie?
BAAL Wie man aussieht, wenn man von mir geliebt wurde.
SOPHIE DECHANT Ich weiß nicht, warum ich immer noch da
    bin.
BAAL Ich kann dir Auskunft geben.
SOPHIE DECHANT Bitte, glauben Sie nichts Schlechtes von mir!
10 BAAL Warum nicht? Du bist ein Weib wie jedes andere. Der
    Kopf ist verschieden. Die Knie sind alle schwach.
SOPHIE DECHANT *will halb gehen, sieht sich bei der Tür um.
    Baal sieht sie an, rittlings auf einem Stuhl.* Adieu!
BAAL *gleichmütig:* Bekommen Sie nicht recht Atem?
SOPHIE DECHANT Ich weiß nicht, was ich hab! *Lehnt sich gegen
    die Wand.*
BAAL Ich weiß es. Es ist der Frühling. Es wird dunkel, und du
    riechst mich. So ist es bei den Tieren. *Steht auf.* Und jetzt
    gehörst du dem Wind, weiße Wolke! *Rasch zu ihr, reißt*
20 *die Tür zu, nimmt Sophie Dechant in die Arme.*
SOPHIE DECHANT *atemlos:* Laß mich!
BAAL Ich heiße Baal.
SOPHIE DECHANT Laß mich!
BAAL Du mußt mich trösten. Ich war schwach vom Winter.
    Und du siehst aus wie eine Frau.
SOPHIE DECHANT *schaut auf zu ihm:* Baal heißt du . . .?
BAAL Willst du jetzt nicht heim?
SOPHIE DECHANT *zu ihm aufschauend:* Du bist so häßlich, so
    häßlich, daß man erschrickt. Aber dann . . .
30 BAAL Hm?
SOPHIE DECHANT Dann macht es nichts.
BAAL *küßt sie:* Hast du weiße Knie, hm?
SOPHIE DECHANT Weißt du denn, wie ich heiße? Ich heiße So-
    phie Dechant.
BAAL Du mußt es vergessen. *Küßt sie.*
SOPHIE DECHANT Nicht . . . nicht . . . Weißt du, daß mich noch
    nie einer . . . so . . .
BAAL Da war nie was, wo ich bin. Komm! *Er führt sie zum*

Bett. Hinten. Sie setzen sich. Ich wurde zum Teufel gejagt,
und meine Mutter dauert mich. Ein Freund von mir geht
daran kaputt, daß ich sein Mädel zusammengehauen habe.
Von ihr fehlt jede Spur. Die Frau meines Chefs ist schwanger von mir und hat die Hölle daheim. Ich kann keinem
helfen. Hilf du mir! Du mußt mich lieb haben. Dazu hab
ich dich geholt.

SOPHIE DECHANT So bist du? ... Und ich hab dich lieb.

BAAL *legt den Kopf an ihre Brust:* Jetzt ist Himmel über uns.
Und wir sind allein, weiße Wolke. Hast du Gedanken?

SOPHIE DECHANT Vieles, aber ich weiß nicht was.

BAAL Sie gehen wie Wolken unter einem grünen Himmel, der
unsagbar hoch ist, nicht?

SOPHIE DECHANT Du bist so häßlich, Baal. Und ich habe dich
lieb.

DIE MUTTER BAALS *ist eingetreten. Steht im Finstern:* Baal!

BAAL Rufst du mir? *Hält ein. Geht vorsichtig zur Mutter
hin:* Du, Mutter? ... Was willst du?

MUTTER Du bist nicht allein. Es ist jemand bei dir. Ich weiß.
Du hast immer die Menscher bei dir. Du verkommst ganz,
Baal! Deine alte Mutter weint sich die Augen aus, und du
zerrst die schmutzigen Weibsbilder herum! Schäm dich!
Huren!

BAAL Das ist keine, Mutter!

MUTTER Ein Mensch ist sie! Was tut sie hier? Baal, hörst du
nicht? Du bist nichts für das wüste Leben. Sie haben dich
nur verführt. Komm mit mir herein. Ich wärme dir den
Tee, und morgen fängst du zu arbeiten an.

BAAL Geh, Mutter! Schwatz nicht!

MUTTER I c h schwatze? Du schwatzest! Hast du keine Ehrfurcht?

BAAL Nein! Schau daß du fortkommst! Du störst mich!

MUTTER *weint:* Das sagt mir mein Kind! Ich schäme mich so!

BAAL *nimmt sie in die Arme:* Sieh mal, Mutter! Ich bin 'n
wüster Bursche. Das ist so. Ich habe dich lieb. Aber du
mußt jetzt heimgehen. *Er führt sie langsam hinaus.* Das
wird meine Frau. Ich hab dich lieb. *Mit ihr ab.*

SOPHIE DECHANT *nimmt ihre Sachen und macht sich zum Gehen*

fertig. Baal kommt zurück. Führen Sie mich hinunter. Ich schäme mich so.

BAAL *horcht aufs Klavier:* E i n s zwei drei. – Kannst du tanzen? E i n s zwei drei! Horch auf das Klavier! *Er zerrt sie mit sich herum, schwerfällig.* Prost, kaputter Johannes! E i n s zwei drei! Johanna mit dem Tang! Horch auf die Musik! E i n s zwei drei ... *Dunkel.*

Bar.

Baal mit Zylinder. Hinter dem Buffet der Neger John.

10 BAAL John, ich brauche Geld, Geld, Geld. Ich habe eine Geliebte!

JOHN Erwürgen Sie dieselbe, wenn ich Ihnen einen Rat geben darf!

BAAL Damit hat es Zeit, John.

JOHN Das erstere hingegen verstehe ich vollkommen.

BAAL Geld, Geld! Ich träume von Scheinen.

JOHN Haben Sie schon von der Kabarettgründung gehört?

BAAL Kabarett? Mach ich mit! Was trägt es?

JOHN Scheine.

20 BAAL Wie lange dauert es bis dahin?

JOHN Es gibt Vorschuß.

BAAL Für Vorschuß schwärme ich. Vermitteln Sie?

JOHN Ich bin beteiligt.

BAAL Künstler?

JOHN Kapitalist!

BAAL Respekt!

JOHN Wenn Sie mir unter einen Fetzen Papier Ihre Unterschrift geben, können Sie Scheine haben, soviel Sie wollen. Aber Sie müssen mitmachen und reinen Mund halten.

30 BAAL Versteht sich. Geben Sie den Fetzen her.

JOHN Es ist eine komplizierte Geschichte. Darf ich erklären?

BAAL Geht es nicht ohne?

JOHN Durchaus!

BAAL Her damit!

JOHN Sherry Brandy gefällig? *Baal trinkt und unterschreibt am Buffet.* Hier, Herr Baal!

BAAL Be A A L. Genügt es?

JOHN Absolut. Haben Sie Angst vor der Polizei?

BAAL Wielange geht es ohne?

JOHN Garantiert 7 Wochen. Dann ist Gefahr. Aber nicht, wenn wir verdient haben. Sie werden sich reinlegen müssen! Kann ich das eine Papier haben?

BAAL *hält das Papier noch fest:* Aber das gibt eine Schweinerei?

JOHN Durchaus nicht, Herr Baal!

BAAL Also die nächsten drei Wochen kann ich keine Schweinerei brauchen. Ich bin beschäftigt.

JOHN Hier, bitte! *Gibt ihm Geldscheine. Baal steckt sie in die Westentasche.* Danke sehr. *Steckt das Papier ein.*

BAAL Einen Sherry Brandy, John, gute alte Haut!

JOHN Prost, Baal!

Nacht.

Kammer. Baal. Sophie Dechant.

BAAL Sommer, in der engen Kammer. Sommer. In unserm weißen Bett. Wenn wir die Fenster aufreißen, schlägt sein Geruch herein in die Kammer, wo das Holz fast blüht, und man sieht in den Himmel hinein, schamlos. Aber ich will das Zimmer ganz mit d i r füllen. Deine Haut ist weich wie gebläht. Ich bin betrunken, und du schwankst. Der Himmel ist violett, wir fahren mit der Schaukel, Malaga und Madeira im Bauch, und der Himmel ist violett. Ich liebe dich.

SOPHIE DECHANT Oh Baal! Ich bin sehr müde, mein Leib ist wie zerschlagen. Deine lieben Hände haben mir das getan. Aber es ist wunderbar, so zu liegen wie eine Beute, und der Himmel ist über einem, und man ist nie allein.

BAAL Ich bin ruhig wie ein Kind. Es ist die Ruhe des Himmels, ganz oben, und am Abend, die Bäume sehnen sich
danach. Dazu ist eine liebliche Milde in mir, wie die Säure
von Äpfeln, die lange liegen und die mild sind; etwas
bläht mir lieblich den Leib, der voll ist und doch leicht.
Und doch ruhe ich, auch gewiegt von deinen weißen,
schmalen Knien wie in einer milden Luft voll Wind. Wir
wandern, du und ich, durch eine trunkene Nacht, gegen
Morgen. Und du bist die weiße Wolke am Himmel, und
10 weil wir beide gleich schnell wandern, stehen wir stille für
uns. Wenn wir uns ansehen, scheinen wir stille zu stehen
und gehen doch und sind voller Bewegung.

SOPHIE DECHANT Oh Baal!

BAAL Weißt du, daß wir kein Geld haben?

SOPHIE DECHANT Und die ganze Nacht hast du das gewußt
und daß wir arm sind?

BAAL Ich habe es gestern abend vergessen. Es ist noch genug
da: Weiße Häuser im Abend, mit blauem Himmel und
grünem Himmel drüber. Mit grauem Himmel. Dann mit-
20 tags und in der Frühe. Deine Bäume. Dann Morgenlicht in
der Dachlucke. Dann Sternenhimmel. Ist das nichts? Ich
liebe dich darum. *Singt, während es dunkel wird.*

Den Abendhimmel macht das Saufen
sehr dunkel, manchmal violett.
Dazu dein Leib im Hemd zum Raufen
in einem breiten weißen Bett.

Hinter den Kulissen eines Kabaretts.
Der Neger John.

BAAL *verzehrt an einem kleinen Tischchen sein Beefsteak und*
30 *trinkt dabei unmäßig Wein. Eine Chansonette auf der*
Bühne singt ein Couplet.

JOHN *um Baal herumspazierend:* Seit Sie beim Kabarett sind,

sind Sie berühmt. Sie dürfen nie vergessen, daß erst ich Sie gemacht habe. Wenn Sie heut als Persönlichkeit dastehen, so tun Sie es trotz Ihres Talentes. Mit Talent verstimmt man die Leute nur. Denn wer anderes interessiert sich für ernste Kunst als Literaten?

DIE CHANSONETTE *singt.*

JOHN Sagen Sie mal: Warum bekommt man Ihre Geliebte nie zu Gesicht?

BAAL *grunzt.*

JOHN Sie sind nicht dankbar, Baal!

BAAL Wenn ich Sie gekannt hätte, Herr John, dann wäre Ihr Kabarett vom ersten Tag an verkracht, Herr John.

JOHN Ich habe Sie entdeckt. Wann hat je eine so feine und zarte Seele in einem so unförmigen Fettkloß gesteckt? Das letztere, verehrter Herr, macht Ihre Bedeutung! Sie sind neben der Soubrette Sawetchka die brillanteste Nummer.

DIE CHANSONETTE *singt.*

BAAL Ich will Ihnen mal was sagen: Ich habe die Geschichte satt. Was wollen Sie, daß Sie mich in Ruhe lassen.

JOHN Sie sind unersetzlich, lieber Baal!

BAAL Dann breche ich so aus!

JOHN Sie haben sich durch Unterschrift betrügerischer Manipulationen schuldig gemacht und sind in meiner Hand.

BAAL Und Sie sind der Betrüger!

JOHN Unter uns, ja. Aber die Welt urteilt nach Beweisen, nicht nach Gefühlen, wie Sie es belieben. Übrigens, was wollen Sie: Sie haben Ihre Geliebte durch das Geld, ich habe Sie!

BAAL Hören Sie: Machen wir einen Tausch! Sie nehmen die Geliebte und geben mir mich!

JOHN Sie sollten nicht soviel in sich hineinstopfen. Sie dürfen schon nicht soviel essen, um singen zu können!

BAAL Wozu singe ich dann?

JOHN Sie kennen nur Transpirationen und Inspirationen! Gott sei Dank fällt das bei Ihnen nicht zusammen, wie bei Richard Wagner!

BAAL Idiot!

JOHN Herr!?

BAAL Idiot!

JOHN Ach so. Ich verstehe übrigens Ihre Gereiztheit nicht. Sie verdienen enorm.

BAAL Ja. Aber ich bin nicht der Mann, für den etwas zu verdienen lohnen könnte. Das Schlimmste ist, daß Sie mich lächerlich machen! Das war bisher m e i n Verdienst. *Ißt.*

JOHN Deshalb reißen sich die Damen um Sie.

BAAL Weil ich aussehe wie ein Eunuch! Geben Sie mich frei! *Ißt.*

10 JOHN Sie haben alles, was Ihr Fettherz begehrt: Weiber, Ruh, Wein, Beefsteak und Zeit!

BAAL Ich fliehe.

JOHN In die Hände der Polizei! Sie sind gestrauchelt. Vergessen Sie das nie! Für Leute Ihres Schlages bleibt nur mehr die Kunst, wenn sie anständig Geld verdienen wollen.

BAAL Anständig? Wenn Sie nicht so komisch wären, sähen Sie mich längst nicht mehr hier!

JUNGE KÜNSTLER *herein:* Phänomenal, was der Wanst verschlingt! – Ihr neues Gedicht im Phöbus ist gut, aber zu
20 maniriert einfach! Sie wiederholen sich! – Die Fürstin Ebing interessiert sich für Sie. Das i s t so eine alte Brunstkachel! Da haben S i e sicher Schwein!

JOHN Darüber müssen wir noch reden, Meister. Ihre Pläne! *Baal wird eine dicke Kette umgelegt und eine große Klampfe in die Hand gegeben. Er trägt Frack und Kindermatrosenmützchen. Er trinkt krampfhaft bis zum letzten Moment.*

DIE JUNGEN *im Takt:* Vorwärts, Baal, an die Arbeit. Baal! Prosit, Baal! Hurrah! *Lachen und Trampeln draußen.*

30 CHANSONETTE Wie ein dicker Mann, der schwitzend an einem Tisch sitzt an einem Sommerabend und Salat ißt; immer sehr viel zugleich hineinschiebt, aber der den Himmel nie aus den Augen läßt und am Ende selig, aber so müd, so müd zurücksinkt – so ist Baal!

EINER Aber hören Sie doch, das ist zu urkomisch! *Alle horchen.*

BAAL *mit mächtiger Stimme:* Ich bin klein, mein Herz ist rein. Lustig will ich immer sein. *Beifallsbrüllen. Baal singt:*

Hat ein Weib fette Hüften
tu ich sie ins grüne Gras –
Rock und Hose tu ich lüften
zärtlich – denn ich liebe das.

Lärm im Saal.
BAAL *singt:*

Beißt das Weib vor Ekstase
wisch ichs ab mit grünem Gras:
Mir den Mund. Ihr Schoß und Nase.
Sauber – denn ich liebe das.

Kreischen und Sturm im Saal.
BAAL *singt:*

Treibt das Weib mir die schöne Sache
feurig, doch im Übermaß:
Geb ich ihr die Hand und lache
freundlich – denn ich liebe das.

Ungeheurer Tumult, Pfeifen. Trampeln. »Unerhört«–Rufe.
DIE JUNGEN Zum Teufel, er geht durch! Revolution! Der
ganze Saal in heller Empörung! Sanitäter! Polizei! Er ruiniert uns. Der Conférencier redet wie ein Prophet! Wie
ein Prophet, sage ich euch! Aber niemand hört ihn.
BAAL *herausstolpernd. Schwitzt:* Wie klang es?
JOHN *schreit fuchtelnd herein:* Unerhörter Saustall! Was
glauben Sie? Sie werden Ihre Nummer singen. Kontraktlich. Verstanden? Sonst liefere ich Sie der Polizei aus! Wir
warten nur, bis Ruhe herrscht.
BAAL *greift sich an den Hals:* Entschuldigen Sie einen Augenblick! *Zur Tür.*
EINER *vertritt den Weg:* Wohin?
BAAL Auf den Lokus, wenn Sie erlauben, junger Mann. *Ab.*
JOHN Baal, raus! Na, wo ist er jetzt wieder? *Einige: Hinaus!*
Lokus! Beim Teufel, holt ihn! Ich habe wie ein Heilsarmeeprediger gesprochen, bis ich die Leute einigermaßen

beruhigt habe. Die Polizei ist uns sicher! Jetzt, wo der moralische Kotzakt vorbei ist, sind sie wieder voll gesundem Appetit.

EINER Dieser Baal ist eine erstklassige Attraktion.

Schrei im Saal: Baal! Anhaltend ...

JOHN Für die Polizei, ja! Er muß noch ausgenutzt werden. Kontraktlich. *Stürzt hinaus. Von außen:* Herr, so geben Sie doch an! Zum Teufel, ich verbiete Ihnen, sich einzuriegeln. Zu einer Zeit, wo Sie von mir bezahlt werden. Ich habe den Kontrakt. Sie Hochstapler! *Trommelt an die Tür.*

PIKKOLO Mein Herr, das Fenster zum Abort steht auf. Es ist niemand drinnen.

JOHN Ich bin verloren! Er ist fort! Er ist hinausgestiegen! Ein Schurke! Halsabschneider. Ich wende mich an die Polizei!

Rufe des Publikums im Takt: Baal, Baal, Baal!

Nachtcafé.
Baal. Ekart.

EKART Deine Frau ist wundervoll. Aber von was lebt ihr?

BAAL Von der Liebe.

EKART Wie lange geht es schon?

BAAL Was muß ich dir geben, daß du meine Frau nimmst?

EKART Bist du betrunken?

BAAL Nein. – Die Welt ist ein Exkrement des lieben Gottes. – Ich habe, um mit ihr lieben zu können, einiges inszeniert, an dem Talent war. Aber jetzt sind sie mir auf den Fersen.

EKART Die Polizei?

BAAL Du mußt nicht soviel fragen. Was macht deine Musik?

EKART Ich habe allerhand Ideen, aber keine Zeit. Aber sahst du denn nicht, daß es so kommen mußte?

BAAL Jedes Kind hätte es gesehen.

EKART Du spielst dich gern auf den Naiven hinaus ...

BAAL Ich mußte lieben, und jetzt muß ich ausruhen. Aber da ist dann auch noch ein Neger. Darum muß ich dich bitten: Nimm die Dechant! Denn sonst ist da der Neger. Ich rette mich ja. Jedenfalls werde ich mich für die nächste Zeit hinter Mauern in die Einsamkeit zurückziehen, um mir über einiges klar zu werden. Aber d u mußt die Dechant retten. Auf den Neger hab ich nämlich einen Pick!

EKART Sag, bist du sie wirklich schon satt?

BAAL Da kommt sie. Ich darf nicht allein sein. Sie weiß es.

10 SOPHIE DECHANT *tritt an das Tischchen:* Grüß Gott, Herr Ekart. Willst du noch bleiben, Baal?

BAAL Setz dich. Du kommst wie eine weiße Wolke über den dunklen Himmel. Und dann ist alles wieder gut. Das ist heute.

SOPHIE DECHANT Du solltest nicht so viel trinken. Sind Sie auf längere Zeit hier, Herr Ekart?

EKART Ich weiß nicht.

BAAL Er weiß es noch nicht. Er ist wie der Wind: überall. *Trinkt.*

20 SOPHIE DECHANT Das Trinken macht ihn bös. Und dann fühlt er sich wohl. Er ist zu stark.

EIN GEHEIMPOLIZIST *tritt an den Tisch:* Herr Baal ... machen Sie bitte keine Umstände ... Sie sind im Namen des Gesetzes verhaftet. Gehen Sie, ohne weiteres Aufsehen zu erregen, gleich mit.

SOPHIE DECHANT *hängt sich an ihn:* Baal ...

BAAL *will sich erheben:* Sei doch ruhig! Es ist nichts.

SOPHIE DECHANT Mir ist so schwer. Du hast sicher wieder Unglück. Ich gehe mit dir.

30 BAAL Nein. Keineswegs. Ihr bleibt da. Beide.

EKART Wir warten hier, Fräulein Dechant. Er wird bald wiederkommen. Es ist ein Mißverständnis.

BAAL *zum Polizisten:* Helfen Sie mir. Sie läßt mich nicht!

POLIZIST Es ist Dienst, gnädige Frau.

BAAL *geht ab mit ihm:* Guten Abend. Seid vergnügt!

Gefängniszelle.
Der Geistliche. Baal.

DER GEISTLICHE Wir hofften, daß die seelischen Qualen hier bei Ihnen eine Stimmung erzeugt hätten, die Sie für die Religion empfänglich macht. –

BAAL Müßiggang ist aller Laster Anfang. Ich stimme Ihnen zu.

DER GEISTLICHE Sie haben keine Ehrfurcht. Fürchten Sie nicht die Macht der Gesellschaft, die Sie zur Feindin haben, die Sie einfach erdrücken kann, an die Sie überall stoßen wer-
10 den wie an diese Wände.

BAAL Ich lebe von Feindschaft. Mich interessiert alles, soweit ich es fressen kann. Töten ist keine Kunst. Aber auffressen! Aus den Hirnschalen meiner Feinde, in denen ein schmack-haftes Hirn einst listig meinen Untergang bedachte, trinke ich mir Mut und Kraft zu. Ihre Bäuche fresse ich auf, und mit ihren Därmen bespanne ich meine Klampfe. Mit ihrem Fett schmiere ich meine Schuhe, daß sie beim Freudentanz nicht drücken und nicht knarren bei der Flucht.

DER GEISTLICHE Es scheint, als ob Ihre Kämpfe alle wie Rück-
20 züge aussehen.

BAAL Ich ziehe mich ins feindliche Land zurück. In blühendes Land zurück. Ich habe keine Heimat zu verteidigen. Mein Haus trage ich mit mir. Es sind feste Domänen, die ich auf der Flucht unter meine Füße kriege, und ich lasse sie als mageren Verlust zurück. Ich fliehe vor dem Tod ins Leben.

DER GEISTLICHE Jeder wird einmal müde. Wohin dann mit Ihnen?

BAAL Dann kommen Sie! Oder ich werde schlafen. Erst wenn ich für ergiebige Träume gesorgt habe.

30 DER GEISTLICHE Sie sinken immer tiefer!

BAAL Dank meines enormen Schwergewichts. Aber ich tue es mit Genuß. Es geht mit mir abwärts! Nicht? Aber ich gehe doch gut! nicht? Gehe ich nicht gerade? Bin ich feig? Sträube ich mich gegen irgend welche Folgen? Berücksich-tige ich Sie? Ich befreunde mich mit dem Tod. Mit der Not hure ich. Ich bin demütiger als Sie.

DER GEISTLICHE Sie sind zu leicht zum Untergehen. Sie fröhlicher Bankerotteur.

BAAL Ich bin manchmal wie ein Taucher, der mit durchhauenen Tauen und Sauerstoffapparat allein in der Tiefe spazieren geht.

DER GEISTLICHE Nichts ist so furchtbar als Einsamkeit. Bei uns ist keiner allein. Wir sind Brüder.

BAAL Daß ich allein war, war bis jetzt mein Vorsprung. Ich möchte keinen zweiten Mann in meiner Haut haben.

DER GEISTLICHE Ich komme, um Ihnen die Ruhe Ihrer Seele wieder zu geben.

BAAL Geben Sie mir den blauen Himmel und eine Hand voll Ähren, weiche Frauenarme und Freiheit, hinzugehen wo ich will! Das ist Ruhe der Seele!

DER GEISTLICHE Ihre Seele ist wie Wasser, das jede Form annimmt und jede Form ausfüllt.

BAAL *ekstatisch erhebend, voll Sonne:* Meine Seele ist das Sonnenlicht, das in dem Diamanten bleibt, wenn er in das unterste Gestein vergraben wird. Und der Trieb zum Blühen der Bäume im Frühling, wenn noch Frost ist. Und das Ächzen der Kornfelder, wenn sie sich unter dem Wind wälzen. Und das Funkeln in den Augen zweier Insekten, die sich fressen wollen.

DER GEISTLICHE Sie lästern Gott. Sie sind ein Tier. Sie sind d a s Tier. Das Urtier! Ein schmutziges, hungriges Tier, das schön ist und gemein. Eine Plage des Himmels. Aber Sie werden sterben.

BAAL Sterben? Ich lasse mich nicht überreden. Ich wehre mich bis aufs Messer. Ich will nicht ohne Haut leben. Ich ziehe mich in die Zehen zurück. Ich falle wie ein Stier. Es muß noch Genuß sein im Sichkrümmen. Ich glaube an kein Fortleben und bin aufs Hiesige angewiesen.

DER GEISTLICHE Sie treiben Notzucht am Leben. Sie werden das einmal bezahlen.

BAAL Ich habe es bezahlt. Teurer als ihr alle. Darum will ich es haben. Es ist nur ein Rest. Wer hat mehr gelitten als ich um ein bißchen Freude. Ich habe immer aus Eigenem drauf gezahlt, bekam nie etwas geschenkt. Ich bin im Dreck gelegen vor der Reinheit, und für die Schönheit habe ich mich zum Krüppel schlagen lassen müssen. Sie haben mich solange geprügelt, daß ich jetzt eine Hornhaut habe, hinter der ich ab und zu sogar wieder zartfühlend sein kann.

DER GEISTLICHE *empört:* Jetzt sollen wohl wir schuld sein an Ihrem Verbrechertum?! Sie aufgedunsener Kosmos! Sie unappetitlicher Kloß. Sie tollwütiger Hamster! Ich überlasse Sie den Würmern! *Ab.*

BAAL *am Fensterchen:* Ich habe die Zeit versäumt, wo der Baumgipfel das einzige Mal am Tag voll Sonne ist! Hol den Pfaffen der liebe Gott!

DER WÄRTER *unter der Tür:* Ja, ja, der Herr Hochwürden hat ganz recht: Ich verwarne Sie, Sie sind ein Mensch, der keinen Respekt nicht hat.

Ebene. Himmel. Abend.

Baal, Ekart, Sophie Dechant kommen über Feld.

SOPHIE DECHANT Ich kann nicht mehr weiter. Warum läufst du so?

BAAL Warum hängst du dich an uns? Es ist aus.

EKART Setz dich. *Zu Baal:* Wie kannst du sie so behandeln, die von dir schwanger ist.

SOPHIE DECHANT Ich wollte es, Ekart.

EKART Wenn du dich nicht besser aufführst, gehe ich mit Sophie allein weiter.

BAAL Sie geht nicht mit. Aber d u würdest mich betrügen. Schäm dich!

EKART Du hast mich schon zweimal ausgespannt. Obgleich dir die Mädchen nicht gefielen, wie du mir sagtest, nahmst du sie mir doch.

BAAL Obgleich – sag: deswegen! Ich habe zweimal Leichen geschändet, weil ich dich rein behalten wollte. Es war kein Vergnügen.

EKART *zu Sophie Dechant:* Und Sie lieben ihn immer noch?

SOPHIE DECHANT Was kann ich dafür . . .

BAAL Ich will nicht fragen, was geschehen ist, während ich gesessen bin.

SOPHIE DECHANT Es ist nichts geschehen. Es war so schrecklich.

BAAL Ihr wart beieinander.

EKART Du bist schamlos. *Schreit.* Hast du sie mir nicht an den Hals geworfen?

BAAL Damals waren wir noch nicht so weit.

EKART Ich bin Gott sei Dank kein Rohling wie du!

10 BAAL Ich liebe dich darum. Aber bist du gegen mich etwa zartfühlend? Gibt es eine größere Rohheit, als seinen Freund mit dessen Frau betrügen?!

EKART So halt doch wenigstens dein verfluchtes Maul, solang sie noch dabeisitzt!

BAAL Sie soll sich trollen!

EKART Gehen wir, Sophie Dechant!

SOPHIE DECHANT Ich kann nicht, Ekart.

BAAL Sie kann nicht, Ekart!

SOPHIE DECHANT Baal, laß mich mitgehen. Ich will sonst nichts
20 von dir.

BAAL Nein. Es ist aus. Komm, Ekart!

SOPHIE DECHANT Ich bin müd. Könnt ihr nicht noch ein wenig da bleiben . . .

BAAL Es wird Abend.

SOPHIE DECHANT Eine Viertelstunde . . .

BAAL Es liegt kein Grund vor.

SOPHIE DECHANT Und wo soll ich hingehen?

BAAL Zur Bühne. Oder in den Himmel.

SOPHIE DECHANT Mit meinem Kind?

30 BAAL Vergrab es!

SOPHIE DECHANT Ich wünsche dir, daß du nie mehr daran denken mußt, was du mir jetzt sagst unter dem schönen Himmel, der dir gefällt. Meine Stimme ist schwach, sie reicht nicht zu dir. Du bist ganz fremd, der einmal so nahe war. Du gehst fort, der einmal bei mir lag, und ich bin schwer von dir und kann nimmer laufen.

EKART Ich will mit dir gehen, wenn du mir sagst, daß du dieses Tier nimmer lieben willst.

BAAL Sie liebt mich.

SOPHIE DECHANT Ich liebe es.

EKART Stehst du noch da, Scheusal? Hast du keine Kniee? Muß man dich prügeln, Raubtier, Bestie, verkommenes Tier! Verkommenes Tier!

BAAL Schwachkopf!

EKART *auf ihn los:* Tier! *Sie ringen. Baal holt mit der Gitarre zum Schlag aus.*

SOPHIE DECHANT Jesus Christus! Es sind Raubtiere!

10 BAAL *läßt die Gitarre fallen, preßt Ekart an sich:* Siehst du jetzt, daß wir nie mehr von einander los kommen? Riechst du mich? Siehst du, daß es mehr gibt als Weibernähe? Daß der Planet mehr hat? *Er läßt ab, starrt nach hinten, auf den Himmel.*

SOPHIE DECHANT Baal. Du tust mir nicht Recht.

EKART Siehst du's ein?

BAAL Nein. Es ist nur der Himmel . . .

EKART Ich kann ihn nicht schlagen.

BAAL *zerstreut:* Gehen wir! Nachtquartier suchen. Im Ge-
20 sträuch oder in den Mulden. Es wird dunkel. Ich will dir von meinen Sternen erzählen und von den Tieren, wo kein Wind hingeht. Komm. *Er hat den Arm um Ekarts Schulter und zieht ihn mit fort nach rechts ab, der schweigend mitgeht.*

SOPHIE DECHANT *allein, im Dunkeln; dann schreit sie sehr laut:* Baal!

Hölzerne braune Diele. Nacht. Wind.

An Tischen Gougou, Bolleboll. Der Bettler und Maja mit der kleinen Tochter in der Kiste (Hintergrund).

30 BOLLEBOLL *spielt Karten mit Gougou:* Ich habe kein Geld mehr. Spielen wir um unsere Seelen!

DER ALTE BETTLER Bruder Wind will herein. Aber wir kennen unsern kalten Bruder Wind nicht. Hehehe.

DIE KLEINE TOCHTER *weint.*

MAJA (DAS BETTELWEIB) Horcht! Da geht was ums Haus! Wenn das nur kein großes Tier ist!

BOLLEBOLL Warum? Bist du schon wieder lüstern? *Es schleicht an das Tor.*

MAJA Horcht! I c h mache nicht auf!

DER BETTLER Du machst auf.

MAJA Nein. Nein. Nein. Liebe Muttergottes, nein!

DER BETTLER Bouque la madame! Mach auf!

10 MAJA *kriecht zur Tür:* Wer ist draußen?

DIE KLEINE TOCHTER *weint. Maja öffnet die Tür.*

BAAL *mit Ekart tritt ein, verregnet:* Ist das die Spitalschenke?

MAJA Ja, aber es ist kein Bett frei. *Frecher.* Und ich bin krank.

BAAL Wir haben Champagner bei uns. *Ekart ist zum Ofen gegangen.*

BOLLEBOLL Kommt her! Wer weiß, was Champagner ist, paßt zu uns.

DER BETTLER Hier sind heut lauter feine Leute!

20 BAAL *an den Tisch tretend, zieht zwei Flaschen aus den Taschen:* Hm?

DER BETTLER Das ist Spuck!

BOLLEBOLL Ich weiß, woher du d e n Champagner hast. Aber ich verrate es nicht.

BAAL Komm, Ekart! Sind hier Gläser?

MAJA Tassen, gnädger Herr! Tassen! *Sie bringt welche.*

GOUGOU Ich brauche eine eigene Tasse.

BAAL *mißtrauisch:* Dürfen Sie Champagner trinken?

GOUGOU Bitte! *Baal schenkt ein.*

30 BAAL Was haben Sie für eine Krankheit?

GOUGOU Lungenspitzenkatarrh. Es ist nichts. Eine kleine Verschleimung. Nichts von Bedeutung.

BAAL Und Sie? *Zu Bolleboll.*

BOLLEBOLL Magengeschwüre. Harmlos.

BAAL Hoffentlich haben Sie auch ein Leiden? *Zum Bettler.*

BETTLER Ich bin wahnsinnig.

BAAL Prost! – Wir kennen uns. I c h bin gesund.

BETTLER Ich kannte einen Mann, der meinte auch, er sei

gesund. M e i n t e es. Er stammte aus einem Wald und kam
einmal wieder dort hin, denn er mußte sich etwas überlegen. Den Wald fand er sehr fremd und nicht mehr ver-
wandt. Viele Tage ging er, ganz hinauf in die Wildnis,
denn er wollte sehen, wie weit er abhängig war und wieviel noch in ihm war, daß ers aushielte. Aber es war nicht
mehr viel. *Trinkt.*

BAAL *unruhig:* So ein Wind! Und wir müssen heut nacht noch
fort ... Ekart.

10 BETTLER Ja, der Wind. An einem Abend, um die Dämmerung,
als er nicht mehr so allein war, ging er durch die große
Stille zwischen die Bäume und stellte sich unter einen von
ihnen, der sehr groß war. *Trinkt.*

BOLLEBOLL Das war der Affe in ihm.

BETTLER Ja, vielleicht der Affe. Er lehnte sich an ihn, ganz
nah, fühlte das Leben in ihm oder meinte es und sagte: Du
bist höher als ich und stehst fest, und du kennst die Erde
bis tief hinunter, und sie hält dich. Ich kann laufen und
mich besser bewegen, aber ich stehe nicht fest und kann

20 nicht in die Tiefe, und nichts hält mich. Auch ist mir die
große Ruhe über den stillen Wipfeln im unendlichen Himmel unbekannt. *Trinkt.*

GOUGOU Was sagte der Baum?

BETTLER Ja. Der Wind ging. Durch den Baum lief ein Zittern,
der Mann fühlte es. Da warf er sich zu Boden, umschlang
die wilden und harten Wurzeln und weinte bitterlich. Aber
er tat es mit vielen Bäumen.

EKART Wurde er gesund?

BETTLER Nein. Aber er starb leichter.

30 MAJA Das versteh ich nicht.

BETTLER Nichts versteht man. Aber manches fühlt man. Geschichten, die man versteht, sind nur schlecht erzählt.

BOLLEBOLL Glaubt ihr an Gott?

BAAL *mühsam:* Ich glaubte nur an mich. Aber man k a n n
Atheist werden.

BOLLEBOLL *lacht schallend:* Jetzt werde ich lustig! Gott!
Champagner! Liebe! Wind und Regen! *Greift nach Maja.*

MAJA Laß mich! Du stinkst aus dem Mund!

BOLLEBOLL Und hast du k e i n e Syphilis? *Nimmt sie auf den Schoß.*

BETTLER Hüte dich! *Zu Bolleboll:* Ich werde nach und nach betrunken. Und du kannst heut nicht in den Regen hinaus, wenn ich ganz betrunken bin.

GOUGOU *zu Ekart:* Er war hübscher, und darum bekam er sie.

EKART Und Ihre geistige Überlegenheit? Ihre seelische Macht?

GOUGOU Sie war nicht so. Sie war g a n z unverdorben.

EKART Und was taten Sie?

10 GOUGOU Ich schämte mich.

BOLLEBOLL Horcht! Der Wind! Er bittet Gott um Ruhe.

MAJA *singt:*

Eiapopeia, 's geht draußen der Wind
während wir warm und betrunken sind.

BAAL Was ist das für ein Kind?

MAJA Meine Tochter, gnädiger Herr.

BETTLER Ein Prost auf Frauenleiber, Kinder erwürgt man.

BAAL *trinkt:* Das war früher, Ekart. Ja. Das war auch schön.

EKART Was?

20 BOLLEBOLL Das hat er vergessen.

BAAL Früh – er ... merkwürdiges Wort ...

GOUGOU Das Schönste ist das Nichts.

BOLLEBOLL Pst! Jetzt kommt Gougous Arie! Der Madensack singt!

GOUGOU Es ist wie zitternde Luft an Sommerabenden, Sonne. Aber es zittert nicht. Gar nichts. Man hört einfach auf. Wind geht, man friert nimmer. Regen geht, man wird nimmer naß. Witze passieren, man lacht nicht mit. Man verfault, man braucht nicht zu warten. Generalstreik.

30 BETTLER Das ist das Paradies der Hölle!

GOUGOU Ja, das ist das Paradies. Es bleibt einem kein Wunsch unerfüllt. Man hat keinen mehr. Es wird einem alles abgewöhnt. A u c h die Wünsche. So wird man frei.

MAJA Und was kommt am Schluß?

GOUGOU *grinst:* Nichts. Gar nichts. Es kommt kein Schluß. Nichts dauert ewig.

BOLLEBOLL Amen.

BAAL *ist aufgestanden, zu Ekart:* Ekart steh auf! Wir sind unter Mörder gefallen. *Hält sich an Ekart, um die Schultern.* Das Gewürm bläht sich. Die Verwesung kriecht heran. Die Würmer singen und preisen sich an.

EKART Das ist jetzt das zweitemal. Ob es vom Trinken allein kommt?

BAAL Hier werden meine Gedärme demonstriert ... Das ist das Schlammbad.

10 EKART Setz dich! Trink dich voll! Wärm dich!

MAJA *singt, etwas betrunken:*

Sommer und Winter, Regen und Schnee –
Sind wir besoffen, tut nichts mehr weh.

BOLLEBOLL *hat Maja gefaßt, balgt:* Die Arie kitzelt mich immer so, kleiner Gougou ... Bitzebitze, Majachen.

DIE KLEINE TOCHTER *weint:* Mamma!

BAAL *trinkt:* Wer sind Sie? *Gereizt zu Gougou:* Madensack heißen Sie? Sie sind Todeskandidat! Prost! *Setzt sich.*

BETTLER Nimm dich in acht, Bolleboll! Ich vertrage Cham-
20 pagner nicht so gut.

MAJA *an Bolleboll, singt:*

Zu deine Äuglein, schauen ist schwer.
Komm, wir gehn schlafen, jetzt spürst dus nicht mehr.

BAAL *brutal:*

Schwimmst du hinunter mit Ratten im Haar
Der Himmel drüber bleibt wunderbar.

EKART *betrunken, ist aufgestanden:* Jetzt gehe ich nicht mehr mit dir. Ich habe auch eine Seele. Du hast meine Seele verdorben. Du verdirbst alles. Auch fange ich jetzt dann mit
30 meiner Messe an.

BAAL Ich liebe dich, Prost!

EKART Ich gehe aber nicht mehr mit dir.

BETTLER *zu Bolleboll:* Hände weg, du Schwein!

MAJA Was geht das dich an?

BETTLER Sei du still, du Armselige!

MAJA Irrsinniger! Du spinnst ja!

BOLLEBOLL *giftig:* Schwindel! Er h a t gar keine Krankheit. Das ist es! Es ist alles Schwindel!

BETTLER Und du hast den Krebs?

BOLLEBOLL *unheimlich ruhig:* Ich habe den Krebs?

BETTLER *feig:* Ich habe gar nichts gesagt. Laß du das Ding in
10   Ruh!

MAJA *lacht.*

BAAL Warum weint das? *Trollt sich zum Töchterchen hinter. Beugt sich über die Kiste.* Dick und schmutzig ...

BETTLER *bös:* Was willst du von der?

BAAL Warum weinst du? Hast du's noch nie gesehen? Oder weinst du jedesmal wieder? Komm her, du? Deine kleinen, armen Füße!

BETTLER Lassen Sie das, Mann! *Wirft sein Glas auf Baal.*

MAJA *springt auf:* Du Schwein!

20 BOLLEBOLL Er will ihr nur unter das Hemd schauen.

BAAL *steht langsam auf:* Oh ihr Säue! Ihr kennt das Menschliche nicht mehr! *Breit am Tisch, sehr laut, einfach.* Ich habe vor Jahren die Frau meines Vorstandes gehabt. Sie war voll und wild. Ich habe ihr Gesicht vergessen in der langen Zeit, aber nun weiß ich es wieder und wie es war. Es war ein heller Tag. Sie bekam ein Kind, und dann hatte sie die Hölle daheim. Ich habe sie nie mehr gesehen, ich weiß nicht, was aus ihr geworden ist. Das ist das Leben. Komm, Ekart, wir wollen uns im Fluß waschen!
30 *Dunkel.*

Landstraße, Sonne, Felder.

BAAL *über die Felder kommend:* Sommerluft weht mir um den Bauch. Heißer Wind schüttelt die Hosen um Schenkel

und Schienbein. In meiner Nase habe ich den Geruch
fruchttragender Ährenmeere, und mein Augenlid nachts
wölbt sich zum gestirnten Himmel. Weißstaubige Straßen
ziehen mich wie Seile von Engeln in den unermeßlich
blauen Himmel. Wenn ich die Augen zumache, sehe ich:
Meine Haare glänzen wie gelber Weizen. Und atmen
kann ich! Atmen! Wenn ich mich auf den Rücken lege,
krümmt er sich hohl. So stark merke ich, daß die Erde eine
Kugel ist und von mir bedeckt wird.

10 EKART *hinter ihm drein:* Warum läufst du wie ein Narr?

BAAL Meine Seele ist das Ächzen der Kornfelder, wenn sie
sich unter dem Wind wälzen. Und das Funkeln in den
Augen zweier Insekten, die sich fressen wollen. Ich er-
schrecke, wenn ich einen Baum sehe, der sich durch einen
engen Hof qualvoll durch fünf dunkle Jahre in eine karge
Helle hinaufarbeitete.

EKART Wenn ich nur etwas im Magen hätte! Du Schwärmer.

BAAL W a s bin ich?

EKART Ein maitoller Bursche mit unsterblichen Gedärmen.

20 Ein Kloß, der einst am Himmel Fettflecken hinterläßt.

Dorfschenke. Abend.

Bauern um Baal. Ekart in einer Ecke.

BAAL Also hört mal: Gut, daß ich euch alle beisammen habe!
Mein Bruder, der kommt morgen abend hierher. Da müssen die Stiere da sein.

EIN BAUER *mit offenem Mund:* Wie sieht man es dem Stier an,
ob er so ist, wie ihn Euer Bruder will?

BAAL Das sieht nur mein Bruder. Es müssen lauter schöne
Tiere sein. Sonst hat es keinen Wert. Einen Korn, Wirt!

30 2. BAUER Und dann kauft Ihr ihn?

BAAL Den, der die stärkste Lendenkraft hat.

3. BAUER Da werden sie aus allen Dörfern ihre Stiere schik-
ken, für den Preis, den du da ausgibst.

1. BAUER Sieh dir doch **m e i n e n** Stier an!

BAAL Wir wollen die Auswahl haben. Wirt, einen Korn.

BAUERN Dann gehen wir gleich fort und sagen es den andern.
– Es wird ein großes Ereignis werden. – *Sie brechen auf.*
– Bleibt Ihr hier über Nacht?

BAAL Ja. Gott führe euch! *Die Bauern ab.*

EKART Was willst du denn eigentlich? Bist du denn verrückt?

BAAL War es nicht prachtvoll, wie sie blinzelten und pafften
und es dann begriffen und zu rechnen anfingen?

EKART Na, es hat uns wenigstens einige Gläser Korn einge-
bracht. Aber jetzt heißt es sich dünne machen!

BAAL Verschwinden? Bist du verrückt?

EKART Ja, bist denn **d u** verrückt? Denk doch an die Stiere!

BAAL Ja, wozu habe ich dann das Ganze gemacht?

EKART Für einige Schnäpse doch!?

BAAL Fantasiere nicht! Ich will dir ein Fest geben, Ekart. Soll
man kein Fest haben, wenn man kein Geld hat? Erst wollte
ich nur den Schnaps, den hier nur bedeutende Leute haben
können, und dachte zu gehen. Aber dann gefiel mir die Geschichte, und jetzt möchte ich die Stiere sehen. *Er macht das
Fenster hinter sich auf. Es dunkelt. Er setzt sich wieder.*

EKART Du bist von sechs Schnäpsen betrunken. Schäm dich!

BAAL Es wird wunderbar. Ich liebe diese einfachen Leute.
Ich gebe dir ein göttliches Schauspiel, Bruder! Prost!

EKART Fällt es dir in deinem Dickschädel gar nicht ein, daß
diese armen Leute stundenlang laufen, mit ihren Tieren
und von der Arbeit weg, nur daß du ein Schauspiel hast!

BAAL Nein: Sie tun es zu ihrer Belehrung. Ich denke an sie;
jetzt im warmen Abend, mit einer gewissen Zärtlichkeit.
Sie kommen, um zu betrügen in ihrer einfachen Art und
müssen dafür bestraft werden.

EKART *steht auf:* Also, die Stiere oder mich. Ich gehe, solang
der Wirt nichts riecht.

BAAL *finster:* Der Abend ist so warm. Bleib noch eine Stunde.
Dann gehe ich mit. Du weißt doch, daß ich dich liebe. Man
riecht den Mist von den Feldern bis hier herüber. Meinst
du, der Wirt schenkt Leuten noch einen Schnaps aus, die
das mit den Stieren arrangieren?

EKART Da kommen Tritte.

PFARRER *tritt ein. Zu Baal:* Guten Abend. Sind Sie der Mann mit den Stieren?

BAAL Das bin ich.

PFARRER Wozu haben Sie den Schwindel eigentlich ins Werk gesetzt?

BAAL Wir haben sonst nichts auf der Welt. Wie stark das Heu herriecht! Ist das abends immer so?

PFARRER Ihre Welt scheint sehr armselig, Mann!

BAAL Mein Himmel ist voll von Bäumen und Leibern.

PFARRER Reden Sie nicht davon. Die Welt ist nicht Ihr Zirkus.

BAAL Was ist dann die Welt?

EKART Ein Zuchthaus, mein Lieber!

PFARRER Ich bin ein sehr gutmütiger Mensch. Ich habe nichts für die Unruhe übrig. Trollen Sie sich also, mein Lieber. Ich werde die Sache ins reine bringen.

BAAL Ekart, der Gerechte hat keinen Humor.

PFARRER Sehen Sie denn nicht ein, wie sträflich Ihr kindischer Plan war?

BAAL Sie haben nur kein Herz. Ekart, es gibt Leute, die etwas schon nicht tun, weil es keinen Sinn hat. Und dann tun sie was anderes.

PFARRER Ich begreife Sie gar nicht.

BAAL In der Dämmerung, am Abend. Es muß natürlich Abend sein, und natürlich muß der Himmel bewölkt sein, wenn die Luft lau ist und etwas Wind geht, dann kommen die Stiere. Sie trotten von allen Seiten her, es ist ein wundervoller Anblick. Und dann stehen die armen Leute dazwischen und wissen nichts anzufangen mit den Stieren und haben sich verrechnet: Sie erleben nur einen starken Anblick. Ich liebe auch Leute, die sich verrechnet haben. Und wo hat man schon soviel Tiere beisammengesehen?

PFARRER Und dazu wollten Sie sieben Dörfer zusammentrommeln?

BAAL Sieben Dörfer gäbe ich gerne für den Anblick.

PFARRER Ich begreife jetzt. Sie sind ein armer Mensch. Und Sie lieben wohl Stiere besonders?

BAAL Gar nichts begreifen Sie! Komm, Ekart! Er begreift es nicht. Er hat die Geschichte verdorben. Der Christ liebt die Tiere nicht mehr.

PFARRER *lacht; dann ernst:* Also das können Sie nicht haben. Gehen Sie nur und fallen Sie nicht weiter auf! Ich glaube, ich erweise Ihnen einen beträchtlichen Dienst.

BAAL Ich danke Ihnen dafür. Komm, Ekart! Du kannst das Fest nicht bekommen, Bruder! *Mit Ekart langsam ab.*

PFARRER Guten Abend! Wirt, ich bezahle die Zeche für die Herrn!

WIRT *hinter dem Tisch:* Elf Schnäpse, Hochwürden.

Landstraße am Getreidefeld.
Nacht. Ekart schläft im Gras.

BAAL *über die Felder her, wie trunken, die Kleider offen, wie ein Schlafender:* Ekart, Ekart! Ich habe ein Gedicht gemacht! Wach auf!

EKART Was ist es, du Narr? Schlaf, und laß mich schlafen.

BAAL

Mein Herz ist trüb wie die Wolke der Nacht
und heimatlos, oh Du!
Die Wolken des Himmels über Feld und Baum
die wissen nicht wozu?
Sie haben einen weiten Raum.

Mein Herz ist wild wie die Wolke der Nacht
und sehnsuchtsvoll, oh Du!
Die will der ganze weite Himmel sein
und sie weiß nicht wozu?
Die Wolke der Nacht ist mit dem Wind allein.

EKART Es ist nicht schlecht. Aber der schöne Schlaf ist beim Teufel. Bleibt also die Philosophie! Gerade die Burschen mit der feinsten Haut werden auf verfaultes Heu geworfen, statt auf Eiderdaunen. Finsternis, Nässe und selbst von alten Weibern nur das zweite Gesicht! Wenn die guten Leute, die den ganzen Tag nichts tun als arbeiten, wüßten, wie schwer und aufreibend es ist, n i c h t zu arbeiten, n i c h t in warmen Ställen schlafen, in Regen und Wind dem Leben nachlaufen, Räusche s t e h l e n, dann bekämen sie Hochachtung. Wir, die den Weibern den Schoß wärmen könnten wie kein Schoßhund, liegen im Dreck und vergeuden unseren Samen mit beschränktem Genuß. Übrigens kann das nur jemand zulassen, der sich durch die Verbindung von Harnorgan mit Geschlechtsteil hinlänglich ein für allemal gekennzeichnet hat. Das konnte nur einem Schwein einfallen!

BAAL *hat sich gesetzt:* Das alles ist so schön! *Pause.*

EKART Jetzt fange ich bald mit meiner Symphonie an!

BAAL Ist das Quartett schon fertig?

EKART Wo sollte ich die Zeit hernehmen.

Pause

EKART Du würdest sicher nicht glauben, daß ich einmal geliebt habe. Sie war wild und weich, hatte ein bleiches Gesicht. Manchmal ganz verwirrt und war sehr lieb.

BAAL *gleichmütig:* Hast du sie . . .?

EKART Schwein! Wenn ich mir s i e vorstelle, sehe ich, daß du ein Schwein bist. Ich bin ein Säufer, und die Weiber sind alle Huren. Aber sie war rein, und du bist also ein Schwein.

BAAL Und du warst ein Esel.

EKART Hüften hatte sie wie ein Roß und war weich und straff. Aber mit Kindern ist es ein Verbrechen. Und das war sie noch mit siebzehn.

BAAL Wie das Heu nachts riecht. *Legt sich mit verschränkten Armen auf den Rücken.*

EKART Wir lagen ganz dicht beisammen in einer Mulde. Wind ging darüber. *Er erzählt leise weiter.* Ihre Wange, die bleich sein mußte, fühlte ich an meiner. Haarsträhnen weich dazwischen. Sie zitterte. Unsere Knie berührten sich, und außerdem fühlten wir nur noch den Himmel über uns. Sie sagte mir einmal, der Arzt habe gesagt, sie würde gewiß sterben, wenn sie ein Kind kriege. Aber sie möchte ein Kind. Sie machte mich beinahe dazu. Lache nicht, Baal. *Sieht ihm ins Gesicht, empört und enttäuscht.* Er schläft! – Egoist!

Grünes Laubdickicht.
Fluß dahinter.

BAAL *sitzt im Laubwerk:* Das Wasser ist warm. Auf dem Sand liegt man wie Krebse. Dazu das Buschwerk und die weißen Wolken am Himmel. Ekart!

EKART *verborgen:* Was willst du?

BAAL Ich liebe dich.

EKART Ich liege zu gut.

BAAL Hast du die Wolken vorhin gesehen?

EKART Ja. Sie sind schamlos. Vorhin ging ein Weib drüben vorbei.

BAAL Ich mag kein Weib mehr . . .

Braune Landschaft. Regen.
Ein einsames Haus. Baal. Anna, ein junges Mädchen, und Ekart von links.

BAAL *mürrisch:* Wärst du bei deiner Mutter geblieben! Dieses Leben ist nichts für Kinder!

ANNA Warum schiltst du mich immer? Ich will's doch nicht besser!

BAAL Du bist uns nur eine Last.

ANNA Das sagst du erst, seit es regnet. Dafür kann ich doch nichts.

BAAL *faßt sie um den Leib:* Wenigstens eine warme Last! Du bist naß bis aufs Hemd!

ANNA *scheu, an ihm:* Es macht nichts. Wenn wir nur beisammen sind!

EKART *schlägt an das Haustor, klingelt:* Hedda, aufgemacht!

EIN ROTHAARIGER MANN *schaut oben heraus:* Wollt ihr wohl das Tor ganz lassen! Was ist das wieder für Gesindel?!

BAAL Siehst du nicht, daß es regnet? Mach die Tür auf!

DER MANN Habt ihr Geld?

EKART Für ein Nachtlager.

DER MANN Ich komme. *Er macht unten auf.* Was ist das für ein Mädchen?

BAAL Das ist meine Braut.

DER MANN Kennen wir! Hehehe! Hübsches Bräutchen! Zeigt erst das Geld!

EKART *klemmt den Fuß zwischen die Tür:* Morgen früh! Uns kleben die Hände fest, Nachbar! Habt Ihr Heulager?

DER MANN Oh! Bettelvolk! Zwei Plätze im Heu und für das Mädchen in der Kammer, wenns beliebt. Anders nicht. Ein Pfand in der Kammer, meine Herrn, ich bin kein Frühaufsteher, hehehe, Fräuleinchen!

BAAL Gibt es Betten?

DER MANN Zwei in einer Kammer, für die Herren. Es gilt? *Hält die Hand hin.*

BAAL Gibt es was zu essen?

ANNA Oh nicht, du, nicht! Ich fürchte mich so! Ich will nicht allein sein!

BAAL Du wärst nicht allein. Hier riecht es nach frischer Milch.

ANNA Ich kann nicht. Ich habe dich lieb.

BAAL Soll ich hungern und in d e m Regen?

ANNA Ich kann nie mehr heim.

BAAL Du hast es bei mir gut, wenn du folgst und nie übermütig bist.

DER MANN Es freut mich, meine Herrn. Gilt es oder gilt es nicht? Es gibt Milchsuppe mit frischem Brot. Für das Fräulein den Rahm, hehehe.

ANNA Ich muß alles tun, was du willst, aber es ist sicher nicht gut.

BAAL Unsinn. Wärme ist gut und Milchsuppe ist gut. Schick

134

dich drein! Bis jetzt warst du eine Last, jetzt kannst du was nützen!

ANNA Ich fürchte mich so. *An Baal.*

BAAL Ihre Hand ist mir zu schmutzig. Es gilt so.
Sie treten ein.

Ahorn im Wind.

Bewölkter Himmel. Baal und Ekart, in den Wurzeln sitzend.

BAAL Trinken tut not, Ekart. Hast du noch Geld?

EKART Nein. Sieh dir den Ahorn im Wind an!

10 BAAL Er zittert.

EKART Wo ist das Mädel, das du in den Schenken herumgezogen hast?

BAAL Werd ein Fisch und such sie.

EKART Du überfrißt dich, Baal. Du wirst platzen.

BAAL Den Knall möcht ich noch hören.

EKART Schaust du nicht manchmal auch in ein Wasser, wenn es schwarz und tief ist und noch ohne Fisch. Fall nie hinein. Du mußt dich in acht nehmen. Du bist so sehr schwer, Baal.

20 BAAL Ich werde mich vor jemand anderes in acht nehmen. Ich habe ein Lied gemacht. Willst du es hören?

EKART Lies es, dann kenne ich dich.

BAAL Es heißt der Tod im Wald:

Und ein Mann starb im ewigen Wald,
wo ihn Sturm und Strom umbrauste.
Starb wie ein Tier im Wurzelwerk verkrallt,
Starrte hoch in die Wipfel, wo ü b e r dem Wald
Sturm seit Tagen über alles sauste.

Und es standen einige um ihn
30 und sie sagten, daß er stille werde:
Komm wir tragen dich nach Haus, Gefährte!

Aber er stieß sie mit seinen Knieen
spuckte aus und sagte: Und wohin?
Denn er hatte weder Kind noch Erde.

»Morsch sind dir die Zähne im Maul.
Willst du nackt in ewiger Heide lungern?
Morsch sind Kleider, Hirn und Knochen, leer der Sack und
tot der Gaul.
Stirb ein wenig still – du bist schon faul.
Warum willst d u immer hungern?«

Und der Wald war laut um ihn und sie.
10   Und sie sahn wie er zum Himmel schrie.
Und sie sahn ihn sich am Baume halten.
Und es graute ihnen so wie nie,
daß sie zitternd ihre Fäuste ballten.
Denn es war ein Mann wie sie.

»Unnütz bist du, räudig, toll, du Tier.
Eiter bist du, Dreck du, Lumpenhaufen!
Luft schnappst du uns weg und nur aus Gier.«
Sagten sie. Und er, er, das Geschwür:
»Leben will ich! Eure Sonne schnaufen!
20   Und im Lichte reiten so wie ihr!«

Das war etwas was kein Freund verstand
daß sie, zitternd vor dem Ekel, schwiegen.
Ihm hielt Erde seine nackte Hand
Und von Meer zu Meer im Wind liegt Land
»und ich muß hier unten stille liegen.«

Ja des armen Lebens Übermaß
hielt ihn so, daß er auch noch sein Aas
seinen Leichnam in die Erde preßte:
In der frühen Dämmerung fiel er tot ins dunkle Gras.
30   Voll von Ekel gruben sie ihn, voll von Haß
in des Baumes dunkelstes Geäste.

Und sie ritten stumm aus dem Dickicht.
Spähten um noch einmal aus der Weite
Fanden auch den Grabbaum drüben
und sie wunderten sich beide.
Der Baum war oben voll Licht.
Und sie bekreuzten ihr junges Gesicht
und sie ritten in Sonne und Heide.

EKART Ja, ja. So weit ist es jetzt wohl gekommen. Prost!

BAAL Wenn ich nachts nicht schlafen kann, schaue ich die
10   Sterne an. Das ist geradeso.

EKART So?

BAAL *mißtrauisch:* Aber das tu ich nicht oft. Sonst schwächt es.

EKART *nach einer Weile:* Du hast wohl schon lange kein Weib
mehr gehabt?

BAAL Warum?

EKART Ich dachte es mir. Sage nein.

BAAL *steht auf, streckt sich, schaut in den Wipfel des Ahorns,
lacht.*

Diele am Abend mit offenen Fenstern.

20 Tanz. Lärm. Musik. Baal und Ekart treten ein. Ekart bleibt
unter der Tür.

BAAL *tanzt erst allein, dann greift er ein Mädchen und zieht
sie mit in den Kreis.*

DAS MÄDCHEN Laß mich doch, du! Hilfe! *Tumult. Die Musi-
kanten stehen auf.*

BURSCHEN Loslassen! – Wo wehts denn den her? – Loslassen!
– Weiter! – Schmeißt ihn raus! –

DAS MÄDCHEN Ich tanz doch nicht mit dem Schmutzian. Mir
eckelts!

30 BAAL *wischt sich den Schweiß von der Stirn mit dem Handrücken, alle sehen auf ihn:* Wo soll ich denn hin? Ich hab
das Laufen in den Beinen ... *Er läuft hinaus.*

STIMMEN Dem pressierts. – Dreckhammel!
Gelächter und Tanzmusik.

Die Kammer von Baals Mutter.
Frau Baal auf dem Lager. Doktor.

DOKTOR Eine Aufregung kann Sie umbringen. Adieu, Frau
Baal. *Prallt in der Tür auf Baal, der zerlumpt dasteht.*
DOKTOR Was wollen Sie hier? Hier können Sie nichts bekommen! Hier braucht das Betteln nicht erst verboten zu
werden. Schauen Sie, daß Sie sich forttrollen!
10 BAAL Wohnt meine Mutter nicht mehr hier? Baal.
DOKTOR Ach so! – Na! *Ab.*
BAAL Guten Tag, Mama.
MUTTER Guten Tag, Baal.
BAAL Ich wollte nur wieder einmal nach dir sehen. Und ob
ich nicht einen Winkel haben kann, um etwas zu machen,
was in der Luft liegt. Einen Sorgenstuhl und darinnen ein
großes Kindergebären, weißt du! Ich will ein Buch schreiben. Es bringt 20 000 Mark ein. *Da sie nicht redet.* Es ist
mir, weiß Gott, nicht zum besten gegangen, Mama. Du
20 brauchst mir keine Vorwürfe zu machen. Aber jetzt verdiene ich die 20 000 Mark, das ist auch kein Almosen.
MUTTER *sieht ihn immer still und groß an.*
BAAL *unsicher:* Bist du nicht ganz wohl? Sie haben dir wohl
übel mitgespielt? Es sind rohe Hunde! Da hilft keiner!
Auch nicht einer!
MUTTER Ja, Baal.
BAAL *endlich nähertretend:* Aber nun wird es besser, du wirst
sehen. Du bist ja ganz zusammengefallen, Mutter, als wolltest du dich klein machen; he. Na, schließlich in dem elen-
30 den Loch kein Wunder. Das wird alles anders. Ich verspreche
es. Ich mache keine großen Worte. Ich sage einfach: Jetzt
will ich etwas tun. Siehst du, Mama, das ist doch etwas?
Nicht?

MUTTER Ja, Baal.

BAAL *schneller, angstvoller:* Ich komme nicht ohne Erfolge. Das darfst du nicht glauben. Man kennt mich. Nicht nur die Polizei, weißt du. Damit ist es vorbei. Ich arbeite jetzt. Ich werde große Bücher schreiben. Die Druckseiten zu 100 Mark. Das gibt Ruhm und Essen. *Setzt sich aufs Bett.* Ich habe schon angefangen. Es ist etwas über mich geschrieben worden, ein Artikel, ein Buch! Das hattest du nicht erwartet, wie? Siehst du?

10 MUTTER *leis und mühsam, hoch:* Wie geht es dir?

BAAL Frage! Sehr gut, meine ich. Ich werde ein ordentliches Haus kaufen, einen Garten dazu, und du bekommst eine Magd. Was sagst du?

MUTTER *still, fast lächelnd:* Oh, Kind!

BAAL *beugt den Kopf auf die Decke, sie fährt über sein Haar.*

MUTTER *sinkt zurück, greift in die Luft:* Luft! Hilfe! Baal!

BAAL *sie ungeschickt auf den Arm nehmend, als wolle er sie ans Fenster tragen:* Mutter!

MUTTER Hilf! *Stirbt an ihm.*

20 BAAL Mutter! *Setzt sich, sie auf den Knien.* Jetzt habe ich es nicht gesagt. Mama! Mutter! – Das war alles. Und morgen Wind drüber. In drei Wochen sind die Kirschblüten auf. In vier oder fünf Wochen bin ich im Wald. Kann ich schon im Wald sein, kleine Mutter. *Bettet sie auf das zerwühlte Lager, dann ab, ohne Hut, die Tür offen lassend. Wind. Abend. Stille.*

Bank in einer Anlage. Nacht.

BAAL *kommt gestolpert, setzt sich:* Ich kann hier ganz gut übernachten, wenn ich zu Emmi gehe, brauche ich eine Aus-
30 rede, die habe ich: Ich pumpe Geld für die Beerdigung, dann kann ich auch übernachten, irgendwo muß ich doch, ich werde wieder den Himmel anschauen müssen.

LIEBESLEUTE *kommen. Baal steht auf, tritt hinter einen Baum. Sie setzen sich.*

SIE Immer fängst du wieder damit an.

ER Deine Haut ist so weich, ich m u ß dich ein wenig quälen.

SIE Dann werde ich böse!

ER O du! *Wirft sich über sie.*

BAAL *tritt vor:* Schämen Sie sich, haben Sie sich das überlegt? Können Sie das bezahlen. Sie sind überhaupt noch zu jung und so eine rasche schwüle Brunst, mir nichts, dir nichts, auf einer Gartenbank mit Leuten dahinter. Schämen Sie sich! Das ist unsittlich. Gehen Sie heim und fragen Sie sich,
10 ob Sie die Folgen tragen könnten.

LIEBESLEUTE *schnell und scheu ab.*

BAAL Jetzt bin ich wieder auf der Höhe!

Branntweinschenke.

Luise. Ekart. Watzmann. Johannes (abgerissen, in schäbigem Rock, mit hochgeschlagenem Kragen, gänzlich verkommen).

BAAL *tritt ein:* Ich will Fleisch haben! Wie heißt ihr, Kinder, und was kostet ihr? Ich bin anspruchsvoll wie ein Pastor. Aber ich kann was. Ich bezahle alles!

WATZMANN Ho, ho. Daher, Baal! Hast du eine Erbschaft ge-
20 macht?

EKART Was ist mit deiner Mutter? Ich bin kaum nachgehinkt. Du liefst die Straße herunter wie ein Ball. Aber 20 Kilometer vor der Stadt bist du doch versoffen.

BAAL Meine Herrn, ich habe einen Band Lyrik verkauft. Sie werden zugeben, dazu gehört Genie. Da ich in dürftigen Verhältnissen lebe, ist es ein Geschenk Gottes, für das zu danken ich die Pflicht habe. Wirt, Champagner!

WATZMANN *brummend:* Du bist ein Genie, Baal! Ein geniales Kamel bist du!

30 EKART Du bist ein gottverlassener Verschwender. Hast du deiner Mutter schon einen Sarg gekauft? *Trinkt.*

BAAL Ich sehe den Himmel über euch Säufern. Er ist hoch und voll einer seltsamen Harmonie. Da habt ihr alle Platz, ihr

Elenden, ihr Tiefverkommenen. Ihr habt die Einfalt des Herzens, und ihr seid die unartigen Lieblinge Gottes. Nur die Trunkenen sehen Gott. Wenn ich meine Arme ausspanne, singt meine Brust, ihr Säue.

WATZMANN *singt:*

Wenn er vom Ekel und Hasse
Voll bis zur Gurgel sei
Schneide er sie – ohne Grimasse
Wahrscheinlich lässig entzwei.

Hier ist es langweilig wie in einem Bordell.

EKART Luise, wo bist du? Du sollst ihm untertan sein!

JOHANNES *trinkt:* Ja. Hier ist es gemütlich. – Ich muß nämlich trinken, viel trinken. Das macht stark. Man geht auch dann noch über Messer in die Hölle, zugegeben. Aber doch eben anders. So, wie wenn einem die Kniee einsänken, wißt ihr: nachgiebig, so, daß mans gar nicht spürt, die Messer. Mit fe-dern-den Kniekehlen. Übrigens, früher hatte ich nie solche Einfälle, so schnurrig, als es mir gut ging, in den bürgerlichen Verhältnissen. Erst jetzt habe ich Einfälle, wo ich Genie geworden bin. Hm.

BAAL *Luise auf dem Schoß:* Du bist ein schlechtes Tier, Luise. Weil du leer bist, liebe ich dich. Weil in dich etwas hineingeht, und – ich – habe nur mehr dich! Trink nicht so viel, sonst wird es wieder Leichenschändung! Ich will heute nacht schlafen. Oh, dein Bett im dunklen Winkel, warm von den fettern Hintern der Honoratioren. Ich hätte dir neue Bettfedern kaufen sollen. Im Dunkeln sieht man keine grauen Haare. Trinkt! Trinkt! Nur die schamlosen Ratten beschnuppern deine befleckte Empfängnis, ewige Jungfrau. *Singt.*

Oh, holde Jungfrau, besten Falles
Wischst Du die Mums Dir ab mit grünem Gras
Und doch! In Deinen Schoß ergoß sich alles,
Was ich an Seligkeit und Wucht besaß.

Trinkt, Geliebte!

JOHANNES Ja, Baal, du mußt noch einen Schnaps zahlen. Hier ist es wirklich gemütlich.

BAAL Einen Schnaps dem ...

JOHANNES Keine Namen! Man kennt sich. Weißt du, nachts träume ich mitunter so schauerliches Zeug. Aber nur mitunter. Jetzt ist es sehr gemütlich. *Wind geht. Sie trinken.*

WATZMANN *summt:*

Es gibt noch Bäume in Mengen
schattig und durchaus kommun –
um oben sich aufzuhängen
oder unten sich auszuruhn.

BAAL Wo war das nur schon so? Das war schon einmal so!

JOHANNES Sie schwimmt nämlich immer noch. Niemand hat sie gefunden. Ich hab die Empfindung nur manchmal, wißt ihr, als schwimme sie mir in dem vielen Schnaps die Gurgel hinunter, eine ganz kleine Leiche, halb verfault. Aber in Wirklichkeit ist sie sehr groß. Sie war doch schon siebzehn. Jetzt hat sie Ratten und Tang im grünen Haar, steht ihr nicht übel ... ein bißchen verquollen und weißlich, gefüllt mit stinkendem Flußschlamm, ganz schwarz. Sie war immer so reinlich. Darum ging sie auch in den Fluß und wurde stinkend.

WATZMANN Was ist Fleisch? Es zerfällt wie Geist. Meine Herrn, ich bin vollständig besoffen. Zwei mal zwei ist vier. Ich bin also n i c h t besoffen. Aber ich habe Ahnungen von einer höheren Welt. Beugt euch! Seid de-, demütig! Legt den alten Adam ab. *Trinkt zittrig und heftig.* Ich bin noch nicht ganz herunten, solange ich noch meine Ahnungen habe und ich kann noch gut ausrechnen, daß zwei mal zwei ... Was ist doch zwei, zw – ei, für ein komisches Wort? Zwei! *Setzt sich.*

BAAL *langt nach der Gitarre und zerschlägt damit das Licht:* Geh weg, süßes Sprungbrett, in den siebten Himmel! Ich will singen: Die Abenteurer!

Von Sonne mürb gebrannt, vom Regen ganz zerfressen
Durchnäßtes Laub verfaulter Lagerstätten im zerwühlten
                                                    Haar
Hat er seine ganze Jugend, nur nicht ihre Träume ver-
                                                 gessen:
Lange das Dach, nie den Himmel, der drüber war.

Meine Stimme ist ganz glockenrein. *Stimmt die Gitarre.*
EKART Schlaf, Schäfchen, schlaf. Dein Liebster ist ein Schaf.
Luise kichert unterdrückt.
10 BAAL *singt weiter:*

Oh, ihr, die ihr aus Himmel und Hölle vertrieben!
Ihr Mörder, denen viel Leides geschah,
Warum seid ihr nicht im Schoß eurer Mutter geblieben?
Wo es stille war und man schlief und war da . . .

Die Gitarre stimmt auch nicht.
WATZMANN Das ist ein gutes Lied. Ganz mein Fall! Ich finde
   mein Glas nicht mehr. Der Tisch wackelt blödsinnig. Macht
   doch Licht. Wie soll da einer sein Maul finden!
EKART Blödsinn! Siehst du etwas, Baal?
20 BAAL Nein. Ich will nicht. Es ist schön im Dunkeln. Mit dem
   Champagner im Bauch und mit Heimweh ohne Erinne-
   rung. Bist du mein Freund, Ekart?
EKART *mühsam:* Ja, aber sing!
BAAL *singt:*

Im Tanz durch Höllen und gepeitscht durch Paradiese
Trunken von Güssen unerhörten Lichts
Träumt er gelegentlich von einer kleinen Wiese
Mit blauem Himmel drüber und sonst nichts.

JOHANNES Jetzt bleibe ich immer bei dir. Du kannst mich gut
30   mitnehmen. Ich esse sehr wenig.
WATZMANN *hat mühsam Zündhölzer angezündet:* Licht!
BAAL Laß den Unfug. Das blendet.
EKART Sowas!

143

BAAL *sieht Ekart mit der Kellnerin Luise auf dem Schoß usw.*
EKART *steht mühsam auf. Versucht Luisens Arm von seinem
Hals zu lösen:* Ach, Unsinn! Meine Herrn! Ein Glas auf
Kommunität unter Brüdern! Baal!
BAAL *stürzt auf ihn. Würgt ihn. Das Zündholz geht aus. Watz-
mann lacht. Die beiden ringen. Luise schreit. Die anderen
Gäste aus dem Nebenzimmer mit Lampe herein.*
LUISE Er hat ein Messer. Er mordet ihn. Maria!
ZWEI POLIZISTEN *auf die Ringenden:* Sie sind verhaftet. Lassen
10 Sie los, Mensch! Er hat, beim Teufel, gestochen.
BAAL *erhebt sich. Dämmerung bricht plötzlich herein. Die
Lampe erlöscht. Fenster wehen auf. Türen öffnen sich. Ne-
benan wüstes Geschrei: Was ist? Beult ihn ordentlich durch!
Zum Tarock, meine Herrn! Baal wird gefesselt.*
BAAL Ekart!

Landstraße. Abend. Wind. Regenschauer.

Zwei Gendarmen (gegen den Wind ankämpfend).

1. GENDARM Verdammt, bei dem Wetter auf der Straße. Der
   verfluchte Strolch!
20 2. GENDARM Er scheint mir immer mehr gegen Norden den
   Wäldern zuzulaufen. Dort oben findet ihn keine Menschenseele mehr.
1. GENDARM Was ist er eigentlich?
2. GENDARM Mörder. Zuvor war er Varietéschauspieler und
   Dichter. Unter anderm auch Gärtner, Stadtschreiber,
   Zuchthäusler, Redakteur, Zutreiber, weiß es der Teufel.
   Bei seinem Mord hatten sie ihn schon, aber er kam durch.
   Es war wegen einer Kellnerin, einer professionellen Dirne.
   Für die erschlug er seinen besten Freund. Seine Mutter ist
30 am Abend vorher gestorben.
1. GENDARM So ein Mensch hat gar keine Seele. Das gehört
   zu den wilden Tieren.
2. GENDARM Dabei ist er manchmal ganz kindisch. Einem al-

ten Weib in Dingsda trug er die Reisighocke, so daß wir ihn fast erwischten. Ich glaube, die Kellnerin war das Letzte, was er hatte. D a r u m erschlug er seinen Freund, eine übrigens ebenfalls zweifelhafte Existenz.

1. GENDARM Es wird mir ganz unheimlich. Komm, gehen wir! Hier ist er gewiß nicht gerade. *Beide ab.*

BAAL *aus dem Gebüsch mit Pack und Gitarre. Pfeift durch die Zähne:* Also tot? Armes Tierchen, m i r in den Weg kommen! Jetzt wird es interessant. Hm. *Ab. Den beiden nach.*

10 Weg durch eine Heuwiese.

Nacht. Baal die Hände in den Hosen.

BAAL Wir sind ganz frei, haben keinerlei Verpflichtung. Wir können zum Beispiel ein wenig schlafen im Heu oder im Freien... oder gar nicht. Wir können spazierengehen. Wir können singen. Wir haben Träume vor uns. Wir können auch alle Viere gerade sein lassen. Was auf die Extremitäten angewendet ein besserer Ausdruck für Verrecken ist. Nur die Polizei hassen wir, denn wir sind ein Mörder. *Schaut sich um.* Mörder schauen sich immer um.

BAUERNMÄDCHEN *kommt schnell des Weges, angstvoll.*

BAAL Wer da?

MÄDCHEN Ich.

BAAL Ach so: du. Wohin?

MÄDCHEN Heim. Die Mutter krank.

BAAL Willst du mir ein Stück Gesellschaft leisten?

MÄDCHEN Lassen Sie mich. *Geht weiter, unbehindert, zögernd.* Wo haben Sie denn Ihren Hut?

BAAL In der Tasche.

MÄDCHEN Sie sind merkwürdig. Sind Sie da daheim, Sie?

BAAL Ja, einstweilen. *Dicht bei ihr.* Was ist, du? *Sie schauert leicht.*

MÄDCHEN Sie sollten einen Hut haben! Da Sie graues Haar haben...

BAAL Habe ich? *Gleichmütig.*

MÄDCHEN Gute Nacht. *Weiter.*

BAAL Du.

MÄDCHEN Was?

BAAL Wo geht's zum Wald?

MÄDCHEN Wohin?

BAAL Zum Wald.

MÄDCHEN Dahin. *Zeigt, ab.*

BAAL *sieht ihr nach:* Verflucht. *Stolpert in der gezeigten Richtung querfeldein.*

10

Wald. Eine Bretterhütte.

Nacht. Baal auf einem schmutzigen Bett. Rechts tarocken Männer.

EIN MANN *am Lager:* Was willst du? Jeder stirbt. Millionen, sage ich dir. Besser so: Was willst d u ? Ich sage dir, da verrecken noch ganz andere Leute, Leute, die leben könnten. Die leben lassen könnten. Die mit dem Hergott auf du und du stehen. Präsidenten! Stelle dich doch auf einen etwas überlegeneren Standpunkt! Denke dir: Eine Ratte

20 verreckt! Na also! Nur nicht aufmucksen!

MÄNNER *karten im Hintergrund:* Trumpf! Halts Maul! – He, was ist, Dickerchen? Sing eins! Eins von den Großmächtigen. Du geheimer Baron auf dem Aussterbeetat. – Aufpassen, Meunier! Laß den! – Der alte Wanst macht heut Schluß – bst. – Ihr solltet vielleicht etwas ruhiger sein! Halts Maul und stör nicht. – Er hat manchmal so was an sich, also so was, das sich gewaschen hat, etwas ... Höheres? – Er ist ein versoffenes Loch! Seit er hier ist, hat er nichts getan als getrunken. Eine Bouteille, ha, ha, ha,

30 hörst du, Dicker! Eine Buhtailjje! – Haltet doch euren Rand, meine Herren. Das ist doch kein solides Spiel. Wenn Sie nicht mehr Ernst haben, geht kein vernünftiges Spiel zusammen! *Man hört nur mehr Flüche.*

BAAL Wieviel Uhr ist es?

DER MANN AM LAGER Elf. Gehst du fort?

BAAL Bald. Wege schlecht?

DER MANN Regen.

MÄNNER *stehen auf:* Es ist Zeit. Der Regen hat aufgehört. Hallo. Raus in den Dreck. Schinderei. *Nehmen die Äxte auf.*

EINER *vor Baal stehen bleibend, ausspuckend:* Gute Nacht. Wiedersehen. Abkratzen?

ANDERER Stinkst du m o r g e n schon? Warte ein bißchen! Wir kommen erst mittags und wollen essen.

BAAL *mühsam:* Könntet ihr nicht – noch etwas dableiben?

ALLE *großes Gelächter:* Sollen wir Mama schicken? Wiegenliedchen, wie?

BAAL Wenn ihr noch dreißig Minuten bliebt?!

MÄNNER Ach weißt du was: Verreck allein! Also servus! Was ist mit dir, Claude? *Zu dem Mann am Lager.*

CLAUDE Komme nach!

BAAL Es kann nicht länger dauern, meine Herrn. *Gelächter.* Sie werden nicht gerne allein sterben, meine Herrn. *Stärkeres Gelächter.*

EINER Altes Weib! Da hast du was dranzudenken. *Spuckt Baal ins Gesicht. Sie wenden sich.*

BAAL Zwanzig Minuten?!

ALLE *lachend ab.*

CLAUDE *unter der Tür:* Sterne.

BAAL Wisch den Speichel weg.

CLAUDE Wo?

BAAL Auf der Stirne.

CLAUDE So! Warum lachst du?

BAAL Es schmeckt mir.

CLAUDE *empört:* Du bist eine völlig erledigte Angelegenheit. Addio. *Zur Tür mit der Axt.*

BAAL Danke.

CLAUDE Kann ich noch etwas für dich ... Aber ich muß fort, Kruzifix.

BAAL Du! Näher! *Claude näher.* Es war sehr schön.

CLAUDE Was, du verrücktes Huhn? wollte sagen, Kapaun.

BAAL Alles!

CLAUDE Feinschmecker! *Lacht laut, geht ab, läßt die Tür offen. Man sieht die blaue Nacht.*

BAAL *unruhig:* Mann! Du! Mann!

CLAUDE *durchs Fenster:* He?

BAAL Wieviel ist es?

CLAUDE Einhalb zwölf. *Ab.*

BAAL Lieber Gott. Fort. *Stöhnt.* Es ist nicht so einfach. Das ist bei Gott nicht so einfach. Wenn ich nur. Eins. Zwei. Drei. Vier. Fünf. Sechs. Hilft nicht. Lieber Gott. L i e b e r Gott. *Fiebert.* Mama. Ekart soll weg gehen. Oh, Marie! Der Himmel ist so verflucht nah da. Zum Greifen. Mein Herz hüpft fort. Eins. Zwei. Drei. Vier. *Wimmert, plötzlich laut.* Ich kann nicht. Ich will nicht. Man erstickt hier. *Ganz klar.* Es muß draußen hell sein. Ich will. *Mühsam sich hebend.* Baal, ich werde hinausgehen. *Scharf.* Ich b i n keine Ratte. *Er taumelt vom Bett und fällt.* Teufel! Lieber Gott! Bis zur Tür! *Er kriecht auf den Händen zur Schwelle.* Sterne ... Hm. *Er kriecht hinaus.*

Lebenslauf des Mannes Baal

Dramatische Biografie von Bertolt B r e c h t

(Bühnenbearbeitung des »Baal«)

[1926]

s. abspielen — takes place
s. zurechtfinden — find ones way
gesitten — cruelled
Auftauchen — emerge
s. entsetzen — frylle
Verbrauch — consumption
vortragen — recite
erfinden — invent

Vorspruch:

In dieser dramatischen Biographie von Bertolt Brecht sehen
Sie das Leben des Mannes Baal, wie es sich abgespielt hat im
Anfang dieses Jahrhunderts. Sie sehen die Abnormität Baal,
wie sie sich zurechtfindet in der Welt des zwanzigsten Jahrhunderts. Baal, der relative Mensch, Baal, das passive Genie,
das Phänomen Baal von seinem ersten Auftauchen unter gesitteten Menschen bis zu seinem entsetzlichen Ende, mit seinem ungeheuerlichen Verbrauch von Damen der besten Gesellschaft, in seinem Umgang mit den Menschen. Das Leben
dieser Erscheinung war von sensationeller Unsittlichkeit. Sie
wurde durch die Bearbeitung für die Bühne stark gemildert.
Die Vorstellung beginnt mit Baals erstem Auftauchen als Ly-
riker unter gesitteten Menschen im Jahre 1904. Als Auftakt
sehen Sie Baal plastisch von allen Seiten und hören aus seinem eigenen Munde, wie er seinen bekannten Choral vom
großen Baal vorzutragen pflegte, und zwar unter Begleitung
durch sein von ihm selbst erfundenes Original-Blechsaiten-
Banjo.

Als im weißen Mutterschoße aufwuchs Baal
war der Himmel schon so groß und still und fahl
jung und nackt und ungeheuer wundersam
wie ihn Baal dann liebte, als Baal kam.

Und der Himmel blieb in Lust und Kummer da
auch wenn Baal schlief, selig war und ihn nicht sah:
nachts er violett und trunken Baal
Baal früh fromm, er aprikosenfahl.

10 In der Sünder schamvollem Gewimmel
lag Baal nackt und wälzte sich voll Ruh:
nur der Himmel, aber i m m e r Himmel
deckte mächtig seine Blöße zu.

Zu den feisten Geiern blinzelt Baal hinauf
die im Sternenhimmel warten auf den Leichnam Baal.
Manchmal stellt sich Baal tot. Stürzt ein Geier drauf
speist Baal einen Geier, stumm, zum Abendmahl.

Unter düstern Sternen in dem Jammertal
grast Baal weite Felder schmatzend ab.
20 Sind sie leer, dann trottet singend Baal
in den ewigen Wald zum Schlaf hinab.

Und wenn Baal der dunkle Schoß hinunter zieht:
was ist Welt für Baal noch? Baal ist satt.
Soviel Himmel hat Baal unterm Lid
daß er tot noch grad gnug Himmel hat.

Als im dunklen Erdenschoße faulte Baal
war der Himmel noch so groß und still und fahl
jung und nackt und ungeheuer wunderbar
wie ihn Baal einst liebte, als Baal war.

30 *Ab.*

1. Bild.

Zimmer mit Eßtisch.

Mäch, Emilie Mäch, Johannes Schmidt, Dr. Piller, Baal kommen herein.

MÄCH *während Baal am Stehbuffet ißt:* Ich darf wohl sagen, daß Ihr Weg zu den Höhen der Berühmtheit, der für die geborenen Genies bereits vorgezeichnete, mir als erstem heute bereits aufgegangen ist. Das Genie wird seit altersher verfolgt, weltfremd und höheren Stimmen lauschend, steigt es herab in die kalte Welt. Möge der erste, der sich Ihnen geöffnet hat, mein Salon sein, noch bevor die Ehrungen des Kleist-Preises Sie uns entziehen. Wollen Sie einen Schluck Wein nehmen? Essen Sie Krebse?

PILLER Es muß mit Ihnen sofort etwas geschehen, Herr Baal. Sie müssen Herrn Mäch Ihre Lyrik herausgeben lassen.

MÄCH Ich gebe seine Lyrik heraus. Ich bin dick genug für Lyrik.

PILLER Ich schreibe über Sie einen Essay. Haben Sie Manuskripte? Ich habe die Zeitungen hinter mir.

JOHANNES Herr Baal singt seine Lyrik den Droschkenchauffeuren vor.

MÄCH Phantastisch.

EMILIE

Mit zynischer Armut leichter Gedichte
Einer Bitternis mit Orangegeschmack
In Eis gekühlt, malaiisch gepichte
Haare im Auge! O Opiumtabak! – – –

Ist das wirklich von Ihnen?

JOHANNES Das ist von Herrn Baal. Er ist es dort gewohnt, für ein Chanson drei Gläser Kirsch zu nehmen. Für Besichtigung seines selbst erfundenen Originalinstruments, das die Nachwelt, wie er sagt, unter dem Namen Baal's Original-Blechsaitenbanjo kennen wird, ein Glas Kirsch.

MÄCH Phantastisch.

JOHANNES Es ist in einem Bierkaffee in einem Güterbahnhof.

EMILIE Sie haben wohl viel gelesen?

MÄCH So laß ihn doch erst mal in Ruhe essen. Laß ihn doch erst mal zu sich kommen. Kunst ist doch auch Arbeit. Nehmen Sie Cognac, Hennessy, ist doch alles da!

EMILIE Sie wohnen in einem Autoschuppen?

BAAL Holzstraße 64a.

MÄCH Phantastisch. Sie waren Monteur?

EMILIE

10   In windtollen Hütten aus leichtem Papier
      Oh du Bitternisfrohsinn der Welt
      Wenn der Mond, dieses sanfte weiße Getier
      Aus den kälteren Himmeln fällt.

BAAL Die Chauffeure zahlen, wenn ihnen was gefällt.

MÄCH Ich gebe Ihre Lyrik heraus.

BAAL Ich habe keine Hemden. Hemden könnte ich brauchen.

MÄCH Sie machen sich nichts aus Verlagsgeschäften?

BAAL Eventuell Damenhemden.

EMILIE Aber seine Chansons sind wunderbar.

20 MÄCH Reisen Sie? Die abessinischen Gebirge, das ist etwas für Sie.

BAAL Da müßten sie schon zu mir kommen, die abessinischen.

PILLER Ein Mensch wie Sie braucht keine Wirklichkeit. Bei Ihrem Lebensgefühl!

BAAL Josef Mäch entzündet Baal im Jahre 1904 eine Zigarre.

MÄCH Das ist phantastisch.

BAAL zu Emilie: Wollen Sie nicht etwas auf dem Harmonium spielen?

PILLER Sie sind ein komischer Igel.

30 MÄCH Essen mit Harmonium! Großartig!

BAAL Auf diese Art sieht man wenigstens Ihre Arme.

MÄCH Nehmen Sie noch Spickaal? Nein? Dann esse ich ihn.

EMILIE Trinken Sie nicht zuviel, Herr Baal!

BAAL sieht auf Emilie: Sie handeln mit Holz, Mäch? Es schwimmen Zimthölzer für Sie, Mäch! Sieben abgeschlagene Wälder. Er trinkt beständig.

EMILIE Sie können trinken, so viel Sie wollen. Ich wollte Sie nur bitten.

PILLER Der Herr ist nicht nur in seiner Lyrik unheimlich, sondern auch in seinen Getränken.

BAAL *zu Emilie:* Gute Arme sind schon viel, jetzt sieht man es. Spielen Sie weiter oben, da sieht man es besser.

PILLER Die Musik an sich mögen Sie wohl nicht?

BAAL Mich stört Musik nur wenig.

MÄCH Wollen wir wetten, wer mehr trinken kann? Ich wette
10 auf fünf Musselinhemden, Baal.

BAAL Ich bin satt.

PILLER Ihre Lyrik hat einen bösen Einschlag, das ist leider sicher.

BAAL Handeln Sie nicht auch mit Tieren, Mäch?

MÄCH Kann ich also Ihre Gedichte haben?

BAAL *streichelt Emiliens Arm:* Er redet immer noch von Gedichten.

MÄCH Ich wollte Ihnen schließlich einen Gefallen tun. Willst du nicht noch Äpfel schälen, Emilie?

20 BAAL Er will nicht, daß man die Arme sieht.

EMILIE Jetzt müssen Sie mit dem Sherry aber aufhören.

MÄCH Das ist phantastisch. Wollen Sie ein Bad nehmen? Soll ich Ihnen ein Bett machen lassen? Haben Sie nicht noch etwas vergessen?

PILLER Jetzt schwimmen die Hemden hinunter, Baal. Die Lyrik ist schon hinunter geschwommen.

BAAL Ich wohne, wie gesagt, Holzstraße 64a. Warum nicht auf meine Knie? Warum die Monopole? Gehen Sie zu Bett, Mäch.

30 MÄCH Wenn ich mich mit Ihnen unterhalte, haben S i e recht. Komm, Emilie, kommen Sie, Piller, mit dem Tier kann man nicht verhandeln. Kommen Sie, Johannes. Genie muß auch seine Grenzen haben.

PILLER Total besoffen.

BAAL Wie heißt der Herr?

JOHANNES Piller!

BAAL Piller! Sie können mir altes Zeitungspapier schicken.

PILLER Das ist zu dünn für Sie! Für die Literatur sind Sie Luft.

JOHANNES Darf ich zu Ihnen kommen? Darf ich mit Ihnen heimgehen? Wollen Sie noch etwas von ihm, Frau Mäch?

EMILIE Ich weiß nicht: Mir gefällt er. Man sollte sich um ihn kümmern.

BAAL Es regnet. In der Zeit der Sintflut sind alle in die Arche gegangen. Sämtliche Tiere einträchtig. Das war die einzige Zeit, wo die Geschöpfe der Erde einträchtig waren. Es sind wirklich alle gekommen. Aber der Ichthyosaurus ist nicht gekommen. Man sagte ihm allgemein, er solle einsteigen, aber er hatte keine Zeit in diesen Tagen. Noah selber machte ihn darauf aufmerksam, daß die Flut kommen würde. Aber er sagte ruhig: Ich glaub's nicht. Er war allgemein unbeliebt, als er ersoff. Ja, ja, sagten alle, der Ichthyosaurus, der kommt nicht. Dieses Tier war das älteste unter allen Tieren und auf Grund seiner großen Erfahrungen durchaus imstande auszusagen, ob so etwas, wie eine Sintflut, möglich sei oder nicht. Es ist leicht möglich, daß ich selber einmal in einem ähnlichen Fall auch nicht einsteige.

Baal beim unbedenklichen Mißbrauch göttlicher Gaben.

2. Bild.

Autoschuppen.

BAAL Es gibt auf diesem Sterne Tiere, die seine Pflanzen auffressen. Es ist einer von den unscheinbaren Sternen –

JOHANNES Verstehen Sie etwas von Astronomie?

BAAL Nein.

JOHANNES Ich habe eine Geliebte. *Baal pfeift.* Sie macht mir Umstände.

BAAL Davon versteh ich etwas.

JOHANNES Darf ich Sie als erfahrenen Mann fragen, wie ich mich ihr nähern kann?

BAAL Da mußt du zuerst phonetisch wirken.

JOHANNES Sie ist das Unschuldigste was es gibt. In einem

Halbtraum vor zwei Wochen sah ich sie einmal, wie sie von einem Machandelbaum beschlafen wurde. Auf diesem Machandelbaum lag sie, ohne sich zu rühren. Seitdem schlafe ich nicht mehr.

BAAL Dann laß sie. Wenn du sie beschlafen hast, ist sie vielleicht ein Haufen Fleisch, er hat kein Gesicht mehr. Wenn euer Sommer fortschwimmt und sie sind vollgesogen mit Liebe wie Schwämme, dann werden sie wie die Tiere, bös und kindisch, unförmig mit dicken Bäuchen und fließenden
10 Brüsten. Und gebären unter ungeheurem Schrei, als sei es ein neuer Kosmos, eine kleine Frucht. Die speien sie aus mit Qual und saugten sie einst ein mit Wollust. Gefiel ihr in deinem Traum die Liebe?

JOHANNES Ja.

BAAL Die Liebe ist, wie wenn man eine Orange zerfleischt, daß der Saft einem in die Zähne schießt, wie die Qual, von der der Baum knarrend zu singen anhebt, auf dem der Wind reitet, sanft wie Pflanzen im Wind sind in der Liebe die Gelenke, wie ein Fliegen gegen den Sturm ist die Wucht
20 des Anpralls, der nachgegeben wird, und ihr Leib wälzt sich über dich wie kühler Kies.

JOHANNES Sie meinen also, ich soll es tun, wenn es so ist?

BAAL Ich meine, du sollst sie zu mir bringen.

Baal mißbraucht seine Macht über eine Frau.
3. Bild.
Bierkaffee.
Baal, Eckart, eine Fohse. Am Schanktisch Chauffeure.

ECKART Ich befinde mich nämlich auf dem Vormarsch. Diese Stadt fängt an, fadenscheinig für mich zu werden. Ich habe
30 diese Nacht mit dieser Dame geschlafen und erkannt, daß ich für dergleichen zu erwachsen bin. Und Ihnen rate ich, sämtliche Eierstöcke ein für allemal an den Nagel zu hängen. Ich bin für Bewegungspolitik bis zum 45. Lebensjahre. Das sagt auch, wenn ich mich recht erinnere, Plato.

BAAL Wohin gehst du?

ECKART Ich schätze, nach Südfrankreich. Da ist anscheinend unter anderem ein anderer Typ von Städten. Er unterscheidet sich schon im Grundriß wesentlich durch die Ordnung, die durch ein genügendes Maß von Licht garantiert wird. Kommst du mit?

BAAL Ist Geld da?

ECKART Teilweise.

BAAL Zum Fahren?

10 ECKART Zum Gehen.

BAAL Wann gehst du?

ECKART Heute. 11.30 verlasse ich dieses Café.

BAAL Wieso?

ECKART Ich habe eine Photographie von Marseille. Drei trostlose Ellipsen. Kommst du mit?

BAAL Es ist möglich. Ich weiß es noch nicht.

BAAL Dieser Mäch hat mich aus seinem Salon ausgewiesen, weil ich seinen Sherry ausspuckte. Ihr müßt wissen, wenn die ein Gedicht mit einigen aromatischen Wörtern hören,

20 dann verlieren sie die Besinnung, aber wenn man daraus die natürlichen Konsequenzen zieht, dann werden sie wieder matt. Immerhin, seine Frau lief mir nach. Jetzt habe ich sie am Halse und satt.

CHAUFFEURE Ich hätte die meine blau gehauen. Pflaumen soll sie fressen.

JOHANNES *mit Johanna herein.*

BAAL Ich komme dann zu euch hinter und singe.

JOHANNES Das ist die Johanna.

BAAL Hast du sie jetzt mitgebracht? Guten Tag, Johanna.

30 JOHANNA Ich kann nur ganz kurz bleiben. Ich wollte Sie nur einmal sehen. Er erzählt mir von nichts als von Ihnen.

BAAL Wie alt sind Sie eigentlich? Man darf Sie selbstverständlich hier nicht sehen.

JOHANNES Fünfzehn war sie im Juni. Erwarten Sie noch jemand?

BAAL Ja, Emilie.

JOHANNES Ich begreife, daß Ihnen Männerherzen zufliegen, aber wie stellen Sie es an, daß Sie Glück bei Frauen haben?

BAAL Das ist erlernbar. *Emilie herein.* Guten Tag, Emilie. Der Johannes hat seine Freundin mitgebracht. Setzt euch.

EMILIE Warum hast du mich hierher bestellt? Lauter Gesindel und eine Branntweinschenke. Aber das ist wohl dein Geschmack.

BAAL Mensch ist Mensch. Louise, Korn für die Dame. Du wirst trinken.

10 EMILIE Ja, Mensch ist Mensch. Aber du bist keiner.

CHAUFFEURE Der gehört der Hintern verschlagen. Geil sind sie wie die Stuten, aber dümmer.

JOHANNES Es ist jedenfalls interessant hier. Das einfache Volk, wie es trinkt und seine Späße treibt.

EMILIE Gefällt es Ihnen denn hier? Es ist uns angenehm, nicht? Wenn alles passieren kann, wenn man nicht weiß, wohin man geht. Einige Jahre zurück machte ein Mann auf mich Eindruck, weil er eine andere Frau heimtrug, als ihre Schuhe kaputt waren. Aber wir sind sogar dann verloren,

20 wenn nur das Zigarrenrauchen grenzenlos und das Trinken nebelhaft ist, glauben Sie nicht?

JOHANNA Es ist sicher kein feines Lokal.

BAAL Bleibt noch. Hier habt ihr Kirschwasser. Sie sind alt genug. Trinkt rasch aus. Der Himmel wird endlich wieder gelber. Es werden Raubvögel sichtbar, die man nur bei klarer Luft sichtet. Mit heutigem Tage, meine Lieben, wurde mir ein Antrag auf höchstwahrscheinlich erotischer Grundlage gestellt. Kirsch, Louise. Der Mann, um den es sich handelt, befindet sich in vollem Aufbruch. Er raucht eben noch seine

30 letzte Zigarre und trinkt eben seinen letzten Kirsch. Ich selber sage dazu wahrscheinlich: noch nicht! Trink aus, Emilie! Natürlich mußten Gegenangebote auf den Tisch gelegt werden. Ich vermute also, es tritt an dich, Emilie, eine Frage heran.

EMILIE Ich weiß nicht, was du heute hast. Es war nicht gut, daß ich hierher gekommen bin.

BAAL Jedoch fällt die Entscheidung erst nach meinem Vortrag. Ich kann die Leute nicht warten lassen. *Baal trägt eine Ballade vor.*

DIE CHAUFFEURE Bravo! Drei Gläser Kirsch und einen Sherry Brandy für den Herrn Baal. So einen Kopf müßte man haben. Wenn Sie sich auf etwas Nützliches werfen würden. Sie kämen auf einen grünen Zweig, das können Sie mir glauben; Sie könnten geradezu Unternehmer werden.

JOHANNA Ein schönes Lied.

BAAL Trinkt!

EMILIE Nein, nein. Ich will nicht mehr trinken. Ich schäme mich ja vor diesem Fräulein.

10 BAAL Ich habe dich gebeten zu trinken.

EMILIE Aber sehen Sie doch nicht immer her!

BAAL Jetzt kommt in dich wenigstens auch Feuer.

JOHANNA Herr Baal, so sollten Sie nicht sein, Herr Baal!

JOHANNES Bedenke, daß Johanna noch ein halbes Kind ist.

JOHANNA Wollen Sie mit uns gehen? Wir gehen dann alle.

EMILIE Ich schäme mich jetzt.

JOHANNA Ich verstehe Sie ganz gut. Es macht auch nichts.

EMILIE Sehen Sie mich nicht so an, Sie sind ja noch zu jung. Sie wissen ja noch nichts. Das ist das Ärgste, man rutscht so

20 hinein.

BAAL Die Schwestern im Hades! *Zu Eckart:* Wir veranstalten hier manchmal kleine, scharfe Zirkusspiele. Wenn du aufpaßt, kannst du deine Erfahrungen vervollständigen.

JOHANNA Er hat zuviel getrunken. Morgen ist es ihm leid.

BAAL Richte bei dem Folgenden deine Aufmerksamkeit auf die Unschuldige!

EMILIE *zu Eckart:* So ist er immer, und ich liebe ihn. Es wird ihm morgen nur leid tun, wenn er mich nicht ganz hat kaputt machen können. Er gießt mir diesen Kirsch in den

30 Leib und macht mich so schmutzig, daß ich morgens in keinen Spiegel mehr schaue. Aber ich weiß noch ganz gut, daß das alles nicht gut für mich ist: Ich will nämlich jetzt nicht mehr.

BAAL Emilie!

LOUISE Lassen Sie doch die Madame, Herr Baal! Daß die nicht bei sich ist, das sieht doch ein Kind!

BAAL Sei ganz ruhig, Louise! Horgauer!

HORGAUER Herr Baal!

BAAL Da wird eine Dame mißhandelt. Gib ihr einen Kuß, Horgauer.

JOHANNES Baal!

JOHANNA Nicht! Sie sollen es nicht tun!

BAAL Wenn du jetzt versagst, ist es zwischen uns Matthäi am Letzten. Eins zwei – *Emilie läßt sich küssen.*

CHAUFFEURE Bravo! Pflaumen soll sie fressen! So einer Ehebrecherin muß es gezeigt werden!

JOHANNA Pfui! Schämen Sie sich!

10 EMILIE Kümmern Sie sich nicht um mich, Fräulein. Es wurde an mir ausgesetzt, daß ich hier für dieses Milieu zu wenig Temperament im Leib habe. Aber ich habe vielleicht gezeigt, daß meine Schmutzigkeit unterschätzt wird.

ECKART Zahlen!

BAAL Emmi, du mußt auch noch bezahlen. Jetzt kannst du ruhig sein. Jetzt hast du's hinter dir. Vergiß es!

ECKART Ich gehe jetzt.

BAAL Wohin?

ECKART Südfrankreich. Gehst du mit?

20 BAAL Kannst du nicht verschieben?

ECKART Nein, das möchte ich nicht. Kommst du mit oder nicht?

BAAL Nein.

Holzstraße 64a.

4. Bild.

Autoschuppen.

Morgendämmerung, Baal, Johanna.

JOHANNA Baal!

BAAL Was? Der Johannes ist an allem schuld.

30 JOHANNA Ich glaube jetzt auch, daß er eine Zeitlang vor der Tür gestanden ist.

BAAL Morgengrauen auf dem Berg Ararat.

JOHANNA Soll ich aufstehen?

BAAL Nach der Sintflut. Bleib liegen.

JOHANNA Soll ich nicht das Fenster aufmachen?

BAAL Weiß und rein gewaschen von der Sintflut läßt Baal
seine Gedanken fliegen, gleich wie Tauben über das
schwarze Gewässer.

JOHANNA Wo ist mein Leibchen? Ich kann doch nicht so heim.

BAAL Was? Du bist ja eine tolle Artischocke. Du hast anscheinend garnichts davon gehabt.

JOHANNA Daß Sie so gemein sein können.

10 BAAL Gib mir noch einen Kuß.

DIE PORTIERFRAU *herein:* I, da schau, ich hab es mir doch
gleich gedacht. Ja, schämt ihr euch denn garnicht. Vom
Morgen bis zum Abend und wieder vom Morgen bis zum
Abend wird dem das Bett nicht kalt. Aber jetzt melde ich
mich. Die Garage des Herrn Doktor ist kein Bordell. Noch
dazu, wo Sie nur aus Mitleid geduldet sind. Ein stellungs-
loser Monteur und nichts als Geschlechtsverkehr.

BAAL *wendet sich zur Wand.*

DIE PORTIERFRAU Sie haben wohl Schlaf? Ja, kriegen Sie denn
20 diese Fleischlichkeit nie über? Sie schauen ja schon ganz
durchgeistigt aus.

BAAL Wie Schwäne flattern sie mir ins Holz.

DIE PORTIERFRAU Schwäne! Was Sie für 'ne Sprache haben?
Sie könnten Dichter werden, Sie! Wenn Ihnen nur nicht
dabei die Knie abfaulen, Ihnen.

BAAL Was haben Sie gegen diese weißen Leiber, Frau
Schmidt?

DIE PORTIERFRAU Weiße Leiber! So ein junges Ding! Das ist ja
überhaupt eine Halbwüchsige! Da ist ja überhaupt die Po-
30 lizei ständig. Sie lachen wohl noch? Pfui Teufel! Sie Tier!
Ich kündige Ihnen, Ihnen kündige ich. Sie können Ihren
Schwanenstall woanders einrichten. *Ab.*

BAAL Frau Schmidt, kommen Sie in zwei Stunden wieder,
Frau Schmidt. Diese Eifersucht immer! *Johanna geht wort-
los zur Waschschüssel und wäscht sich.*

JOHANNA Sag etwas. Liebst du mich noch? Sag etwas. Kannst
du es nicht sagen?

BAAL Offen gestanden: Ich habe es satt. Der Johannes ist imstand und macht Krach. Die Emilie läuft herum wie ein angebohrtes Segelschiff, ich kann hier verhungern, ihr rührt ja keinen Finger für einen. Ihr wollt ja immer nur das Eine.

JOHANNA Nein, nein, nein.

BAAL Keine Idee Sachlichkeit. Mach, daß du heimkommst. Dem Schmidtjohann kannst du sagen: Wir sind nur für fünf Minuten untergestanden, es hat geregnet.

JOHANNA Dem Schmidtjohann, es hat geregnet. *Ab.*

BAAL Johanna! Da läuft sie hin.

Zwei Jahre später: Baal entdeckt eine für ihn neue Art von Liebe.

5. Bild.

Autoschuppen.

An der Wand eine Zeichnung einer weiblichen Anatomie.
(Baal kommt mit der Barger.)

BAAL Das ist das Atelier.

BARGER Entschuldigen Sie, aber ich gehe jetzt wieder hinunter.

BAAL Das geht hier nicht so einfach.

BARGER Man wird mich finden. Ja, ein Herr ist uns nachgegangen, als Sie mich plötzlich draußen ansprachen.

BAAL Hier findet dich niemand.

BARGER Sie sagten draußen, Sie sind ein Photograph.

BAAL Das habe ich Ihnen allerdings draußen gesagt.

BARGER Ja, dann gehe ich.

BAAL Ich wollte Sie nämlich um ganz etwas Besonderes ersuchen.

BARGER Nein.

BAAL Warum haben Sie denn jetzt Angst?

BARGER Ich hab gar keine Angst.

BAAL So?! Ich habe da zur größeren Übersichtlichkeit eine Handzeichnung angefertigt. Wenn sie Ihnen nicht zusagt, kommt alles wieder weg. Sie sehen aber, ich weiß alles, was an Ihnen dran ist, den ganzen faulen Zauber! So!! *Er kratzt die Zeichnung mit dem Messer aus.*

BARGER   Jesus Maria! *Schreit auf.*

BAAL   Warum schreien Sie denn? Schreien Sie doch nicht so! Man hört Sie ja nebenan! Wegen diesem Messer! *Nimmt eine Flasche.* Hier ist auch nicht mehr da. Luft ist auch nicht mehr da! Und das Fleisch! Das Fleisch, das ist ärmlich! Das ist ja gar kein Fleisch, das Fleisch ist Haut und drei Fasern, das ist doch kein Fleisch! Das ist überhaupt eine Niete, dieser Planet! Eine Frechheit! Alles nur für die Fremden zurecht gemacht! Mit Bergen! Es gibt ja gar keine Berge! Denn dafür sind ja Täler da! Wenn man sie hineinstopft, ist dieser Dreckplanet wieder egal. So, jetzt schreien Sie nicht!

BARGER   Soll ich bei Ihnen bleiben?

BAAL   Was?

BARGER   Wenn auch Ihre Zeichnung sehr häßlich ist. Sie sehen unzufrieden aus. Mit mir ist es auch so. Als ich vierzehn Jahre alt war, wollte mich der Fleischer nebenan nicht einmal das Trottoir vom Schnee säubern lassen, weil ich zu häßlich war. Jetzt hat man mir schon öfter nachgesehen auf der Straße – das bißchen Blüte ist bald vorbei – ich glaube, ich sollte das ausnützen, ich glaube nicht, daß es einer sein muß, mit einem hübschen Hut. Aber etwas, was nicht benützt wird, das ist doch nichts!

BAAL   Ich möchte wissen, ob das Todesangst ist, dieser unvorhergesehene Ton, den sie da zuwege bringt.

BARGER   Todesangst? Haben Sie an so was gedacht?

BAAL   Bleiben Sie sitzen! Sie sind ungeeignet. *Raucht.* Bringen Sie Ihre Stimme wieder in Gang! Es war ein großer Moment. Jetzt gebe ich die Hoffnung auf. Sieben Jahre in dieser Kammer, anderthalb Jahre mit Vorbedacht wenig essend, durch reinen Genuß von Spirituosen meinen Geist waschend. Zeit meines Lebens noch nicht das Geringste getan habend, stehe ich jetzt vor dem Betreten neuer Gebiete. Schon ist meine Wohnung in jedem Stück aufgebraucht. Vornehmlich wahrscheinlich durch planmäßige Überschät-

zung der Dinge. Schon fange ich an, sagen zu hören: Zur
Stunde meines Absterbens waren Tisch und Wand ver-
braucht. Und noch immer nicht gelöst ist das ständige Pro-
blem meines Lebens: die Erfindung einer bösen Tat.

BARGER Es ist nicht leicht, aber wenn ich mir etwas Mühe
gebe, verstehe ich Sie sicher.

BAAL Ich gebe es auf. Reden Sie weiter. Man soll mir nicht
nachsagen, daß ich etwas stehen gelassen hätte. Sie haben
das Gesicht einer Frau. Bei Ihnen kann man sicher sieben
Pfund Unglück anrichten, während man es bei den meisten
andern nicht auf zwei Pfund bringt. Wie alt bist du?

BARGER 24 im Juni.

BAAL Wieviele Männer hast du schon gehabt?

BARGER *schweigt.*

BAAL Dann hast du es hinter dir. Hast du Angehörige?

BARGER Ja, eine Mutter.

BAAL Ist sie alt?

BARGER Sie ist sechzig.

BAAL Dann ist sie das Böse gewöhnt.

BARGER Man dürfte es mir auch nicht ansehen. Ich kann mich
nicht selber ernähren.

BAAL Du wirst es lernen!

BARGER Sie verlangen schon mehr als alles. Sie sind so häßlich, daß man erschrickt. Wie heißen Sie?

BAAL Baal.

Baal verdient zum letzten Male Geld.
6. Bild.
Nachtcafé zum Stachelkaktus.

*Ein kleines, schweinisches Café, geweißte Ankleidekammer,
hinten links brauner, dunkler Vorhang, rechts seitlich geweißte Brettertür zum Abort; rechts hinten Tür. Ist sie auf,
sieht man die blaue Nacht. Im Café hinten singt eine
Soubrette.*

BAAL *geht mit nacktem Oberkörper trinkend herum, summt.*

LUPU *dicker, bleicher Junge, mit schwarzem, glänzendem Haar, in zwei hingepatschten Strähnen in dem schweißig-blassen Gesicht, mit Hinterkopf. In der Tür rechts:* Die Laterne ist wieder herunter geschlagen worden.

BAAL Hier verkehren nur Schweine.

LUPU Da ist eine Postkarte für Sie. Marseille!

BAAL Von Eckart! Ich soll in den Schwarzwald kommen. Wo ist mein Quant Schnaps wieder?

10 LUPU Sie haben allen getrunken.

BAAL Nimm dich in acht!

LUPU Herr Mjurk sagt etwas von einem Schwamm.

BAAL Ich bekomme also keinen Schnaps?

LUPU Vor der Vorstellung gibt es keinen Schnaps mehr für Sie, sagt Herr Mjurk. Mir tun Sie ja leid.

MJURK *im Vorhang:* Mach dich dünne, Lupu!

BAAL Ich muß mein Quant bekommen, Mjurk, sonst gibt es keine Lyrik.

MJURK Sie sollten nicht soviel saufen, sonst können Sie eines
20 Nachts überhaupt nicht mehr singen.

BAAL Wozu singe ich dann?

MJURK Sie sind neben der Soubrette Savettka die brillanteste Nummer des Stachelkaktus. Ich habe Sie eigenhändig ent-deckt. Wann hat je eine so feine Seele in einem solchen Fettkloß gesteckt? Der Fettkloß macht den Erfolg, nicht die Lyrik. Ihr Schnapssaufen aber ruiniert mich.

BAAL Ich habe die Balgerei jeden Abend um den kontrakt-lichen Schnaps satt. Ich haue ab.

MJURK Mensch, dann haben Sie die Polizei hinter sich. Sie
30 sollten mal wieder eine Nacht schlafen, Mann. Sie harpfen herum wie mit durchschnittenen Kniekehlen. Setzen Sie Ihre Geliebte für eine Nacht an die Luft. Wird Ihnen bald besser gehen. *Klatschen im Café.* Aber jetzt kommt Ihre Piece.

BAAL Ich habe es satt bis an den Hals, hier Pfennige zusam-menzukratzen, und die sitzt hier herum wie eine Dame.

DIE SOUBRETTE *mit dem Klavierspieler, einem bleichen apathi-schen Menschen, aus dem Vorhang:* Feierabend!

MJURK *drängt Baal einen Frack auf:* Halb nackt geht man bei uns nicht auf die Bühne.

BAAL Idiot! *Zur Soubrette:* Dein Leberfleck gewinnt allmählich bei mir Interesse. Es ist das einzig Sehenswerte in diesem Museum für Auswüchse der Kleinkunst. Vielleicht erfülle ich dir heute Nacht noch deine Bitte. *Schmeißt den Frack ab, geht, Banjo hinter sich nachschleifend, durch den Vorhang ab.*

LUPU Ja, der Herr Baal! Immer die nämlichen.

DIE SOUBRETTE *setzt sich, trinkt:* Wieso sitzen dem seine Menscher immer im Künstlerzimmer herum?

DER KLAVIERSPIELER Das Menschenmaterial, das im Stachelschwein vor die Hunde geht, ist vielleicht die Blüte der Nation Unberufen.

DIE SOUBRETTE Es ist ein Elend mit uns.

RUFE Baal!

MJURK Vorwärts, Savettka, für die nächste Piece. Heul zu Hause.

DER KLAVIERSPIELER Koche mit Gas. *Tumult.*

RUFE Ruhe!

SOUBRETTE Was ist denn los? Er stinkt ab. Der sagt's ihnen. Oh, der gibt's ihnen. Der schmeißt's ihnen schon in die Fresse Pst! Oh, was singt der für Schweinereien. Der gibt's ihnen direkt.

RUFE Vorhang! Schluß!

KLAVIERSPIELER So, stinkt er ab?

SOUBRETTE Gott sei Dank, daß mal jemand das Ding beim Namen nennt. Das können sie nun gar nicht vertragen, die verlogenen Viecher. Rammeln wollen sie sehen, aber nachher will's dann keiner gewesen sein. So, jetzt gehen sie aber los, halt deine Schnauze!

KLAVIERSPIELER Mit Pebeco gesund.

BAAL *kommt aus dem Vorhang.*

SOUBRETTE Du, du gehst sofort wieder hinaus. Gib's ihnen! Laß dir nichts gefallen. Geh du nur raus. Sag du ihnen nur, was du zu sagen hast.

MJURK Sie Vieh werde ich zwiebeln. Sie werden Ihre Piece singen. Kontraktlich. Sonst alarmiere ich die Polizei.

SOUBRETTE Jetzt schmiert er Ihnen wieder Butter ums Maul!

KLAVIERSPIELER Sie ruinieren uns, Baal!

SOUBRETTE Zerreißen sollen Sie ihn. Zerreißen. Wenn die den jetzt zerreißen würden.

KLAVIERSPIELER Wo wollen Sie hin?

BAAL Ich gehe in den Schwarzwald.

RUFE Ruhe!

SOUBRETTE Jetzt kommen Sie aber rauf, jetzt wird man ja sehen.

10 GÄSTE *herein:* Wo ist der Schweinehund? Weiter singen! Warum soll er denn nicht? Es ist kolossale Stimmung im Saal. Die ganze Konservenbüchse jauchzt einfach!

MÄCH *unter den Gästen:* Und jetzt, wo er endlich am Platze ist, nämlich zehn Meter Abstand von einem, wirft er die Flinte ins Korn.

GÄSTE Weitersingen!

SOUBRETTE Was wollen Sie hier? Was haben Sie hier zu schaffen? Das ist das Künstlerzimmer, bitte! Draußen sind wir die Affen, aber hier herinnen müssen wir wenigstens Luft

20 haben. Raus!

GÄSTE Was ist das für ein Saumensch auf dem Klavier?

SOUBRETTE Saumensch! Das ist ungeheuer! Einen Menschen, eine Künstlerin ein Saumensch zu nennen. Das ist ja überhaupt noch nie dagewesen. Aber euch wird mans noch geben! Mensch ist Mensch! Das ist die Freiheit. Das ist die Menschenwürde. Euch wird man noch auf die Buden steigen! Ihr werdet noch ganz andre Sachen hören müssen. Die Marseillaise! Allons, enfants de la batterie! *Sie sitzt auf dem Klavier und singt.*

30 MJURK Ich habe wie ein Heilsarmeemajor gesprochen. Die Polizei ist uns sicher. Aber die Burschen trommeln wieder nach ihm. Wo ist der Kerl? Er muß heraus.

KLAVIERSPIELER Die Attraktion ist auf den Abort gegangen. Zweite Tür rechts. In den Schwarzwald. *Schreit nach hinten.* Baal!

MJURK *trommelt an die Tür:* Herr! So geben Sie doch an! Zum Teufel, ich verbiete Ihnen, sich einzuriegeln. Zu einer Zeit, für die Sie von mir bezahlt werden. Ich habe es auf dem Papier! Sie Hochstapler! Ich befehle Ihnen, Ihren sauberen Liebhaber sofort herauszuholen. Ich halte mich an Sie!

LUPU *in der Tür rechts, man sieht die blaue Nacht:* Das Fenster zum Abort steht auf. Der Geier ist ausgeflogen. Ohne Schnaps keine Lyrik.

MJURK Leer? Ausgeflogen? Hinaus durch den Abort? Halsabschneider! Ich wende mich an die Polizei! *Stürzt hinaus.* Dieses Hochstaplerpaar wird man unter die Lupe nehmen.
10 Ich entlasse Sie, ich entlasse alles fristlos.

SOUBRETTE Kreuzweise.

RUFE *von hinten, taktmäßig:* Baal! Baal! Baal!

Baal verläßt die Mutter seines ungeborenen Sohnes.
7. Bild.
Ebene, Himmel und Abend. Baal, Eckart, Sophie.

SOPHIE Warum läufst du so?

BAAL Warum hängst du dich an meinen Hals, wenn du zu dick bist zu laufen.

20 SOPHIE *setzt sich.*

BAAL Steh auf!

ECKART Nicht! Bleib sitzen! Siehst du nicht, daß sie nicht mehr weiterlaufen kann?

BAAL Wieso?

ECKART Weil sie schwanger ist.

BAAL Schwanger? Das ist ungeheuer! Was bildest du dir ein? Und jetzt willst du dich mir an den Hals hängen?

ECKART Das ist viehisch. Setz dich nieder, Sophie.

SOPHIE Laß ihn fort.

30 ECKART Ich mische mich grundsätzlich nicht in deine reichlich trüben Menschlichkeiten. Aber man sollte sie wenigstens in Gegenwart eines anderen relativ fair erledigen.

BAAL Willst du mich sitzen lassen, ihretwegen. Das sieht dir gleich, sie soll sich trollen. Sie fängt an, zur Kanaille zu werden. Ich bin ein Lamm von Geduld. Aber aus meiner Haut kann ich nicht.

SOPHIE Nicht, Baal, ich habe es bisher verheimlichen können. Es ist länger gegangen, als ich dachte, hauptsächlich deshalb, weil ich dir nicht ganz gefallen habe. Ich bin schon im vierten Monat.

ECKART Sie zeigt Vernunftspuren. Noch einmal: Ich lehne es ab, mich menschlich zu beteiligen, aber ich warte hier, bis
10 es endgültig geklärt ist.

SOPHIE Adieu, Baal.

ECKART *steht auf.*

BAAL Ja, gehen wir.

SOPHIE Halt! Ich wollte dich bitten, noch eine Stunde dazubleiben.

BAAL Warum?

SOPHIE Es ist zu schwer.

ECKART *setzt sich nieder.*

BAAL Was ist?

20 ECKART Begreifst du das nicht?! Glaubst du, es ist angenehm, in schwangerem Zustand versorgungslos auf der Straße zu liegen?

SOPHIE Eine halbe Stunde.

BAAL Warum?

SOPHIE Es ist sicherlich ein schöner Abend, der dir gefällt. Aber es wird dir nicht gefallen, daß du einmal ohne einen Menschen verrecken sollst.

BAAL Doch!

ECKART *steht auf:* Das ist großartig. Aber das glaube ich.

30 SOPHIE Tiere! Verkommene Tiere!

BAAL *zu Eckart:* Ich verlange jetzt von dir, daß du jetzt mit mir von hier weggehst.

SOPHIE Tiere! Verkommene Tiere!

In den Jahren 1907–1910 finden wir Baal und
Eckart auf Streifzügen in Süddeutschland.
8. Bild.
Landschaft, Vormittag, Wind.
Baal – Eckart.

BAAL Der Wind wird wieder stärker. Er ist das einzige, was
man in diesem Land umsonst bekommen kann, aber er
berührt nur noch meine Haut. Für mein Ohr kann er nicht
mehr stark genug sein. Deine Fuge ist auch nichts geworden.

ECKART Meine Fuge baute sich auf Geräuschen auf, die nicht
schlechter sind als die gewöhnlichen. Was ihre Mathematik
betrifft, so ist sie mathematischer als der Wind. Die Landschaft wird auch immer mathematischer. Das ist der einzige Ausblick für das menschliche Geschlecht. Das ist jetzt
schon ein Blechschuppen, morgen ist dort eine Eisenkon-
struktion. Die großen Städte strecken ihre Gelenke (sie
sind austauschbar) über die alte Landschaft. Zwischen
diesen langen Gehäusen wird der Wind meßbar sein.

BAAL Wir sind die letzten, die die ebene Fläche noch sehen. In
49 Jahren kannst du das Wort Wald ausstreichen. Holz
wird man nicht mehr brauchen. Der Mensch wird dann
übrigens auch verschwinden. Aber, um im Bereich unserer
Lebenszeit zu bleiben: Zu der Zeit, wo deine großen Städte
heraufgekommen sind, wirst du das Delirium haben. Statt
der hohen Konstruktionen wirst du Ratten wahrnehmen.

ECKART Das wird zu der Zeit sein, wo du schon ganze Tai-
fune brauchen wirst, um ein leichtes Geräusch wahrzuneh-
men.

BAAL Mensch, ich will noch ohne Haut leben. Ja du bist ein
böser Mensch. Wir sind es beide. Leider. Ich habe dieses
Gedicht verfertigt. *Er liest das Gedicht vom ertrunkenen
Mädchen.*

1

Als sie ertrunken war und hinunterschwamm
Von den Bächen in die größeren Flüsse
Schien der Opal des Himmels sehr wundersam
Als ob er die Leiche begütigen müsse.

2

Tang und Algen hielten sich an ihr ein
So daß sie langsam viel schwerer ward
Kühl die Fische schwammen an ihrem Bein
Pflanzen und Tiere beschwerten noch ihre letzte Fahrt.

3

Und der Himmel ward abends dunkel wie Rauch
Und hielt nachts mit den Sternen das Licht in Schwebe.
Aber früh war er hell, daß es auch
Noch für sie Morgen und Abend gebe.

4

Als ihr bleicher Leib im Wasser verfaulet war,
Geschah es (sehr langsam), daß Gott sie allmählich vergaß
Erst ihr Gesicht, dann die Hände und ganz zuletzt erst ihr
Dann ward sie Aas in Flüssen mit vielem Aas.   [Haar.

ECKART Du scheinst also immer noch ziemlich kräftig.
BAAL Alles, was über das Leben auf diesem Planeten zu sagen ist, könnte man in einem einzigen Satz von mittlerer
Länge sagen. Diesen Satz werde ich gelegentlich, aber
sicher noch vor meinem Ende, formulieren.

9. Bild.
Landschaft.
Nacht. Baal schläft. Eckart betrachtet ihn.

ECKART Dieser Mann Baal bedrückt mich. Er ist nicht mehr
leicht genug. Ich bin ein objektiver Mensch. Mit einem

Stück Kreide könnte man heute ohne weiteres die Kurve
seines Lebens an jeder Häuserwand fixieren. Genau betrachtet, hält mich nur mehr, daß sein Schlag eher härter
geworden ist. Trotzdem. Ich bin der letzte, der den Schwä-
chezuständen, die mit Sicherheit von seinem Absterben bei
ihm zu erwarten sind, gerne beiwohnte. Ich bin ein Mensch
ohne Rachsucht. Gerade in der letzten Zeit paßt er ungeheuer auf mich auf. Man weiß zum Beispiel nicht einmal
sicher, ob er jetzt schläft. Er hat kein Feld mehr, das er
abgrasen könnte. Jetzt regnet es wieder, ich muß ihn zudecken.

Baal erliegt im Jahre 1911 seiner natürlichen Bestimmung zum Mörder.

10. Bild.
Biercafé.
*Herbstabend, Eckart, Emilie Mäch und Johann Schmidt in
Schwarz.*

JOHANN Wann kommt Baal?
ECKART Es ist mir in diesen Jahren immer klarer geworden,
daß eine große Zeit im Heraufziehen ist. Die Landschaft
verkümmert. Ich habe Photographien gesehen von Bauten
auf der Insel Manhattan, die eine große Kraft der Rasse
anzeigen. Die Menschheit, welche einen Höhepunkt von
Unempfindlichkeit erreicht hat, schickt sich an, ihre Glücks-
epoche aufzurichten. Es kommt alles darauf an, in den
betreffenden Jahren, welche in ihrer Zahl beschränkt sein
werden, zur Stelle zu sein. In den letzten Wochen nun be-
merke ich an mir eine zunehmende Unruhe.
EMILIE Wann kommt Baal?
JOHANN Wenn er, wie Sie sagen, vor zwei Stunden wegging,
das Geld für die Beerdigung seiner in äußerster Armut
verschiedenen Mama aufzutreiben, muß er doch das Geld
jetzt bald beisammen haben.

EMILIE Dann seid ihr ja heute eventuell in der Lage, eure Schnäpse zu bezahlen.

JOHANN Der Wirt ist anständig. Er gibt Kredit auf eine Leiche, die eine Mama war.

ECKART Du wärest doch eigentlich in der Lage, einiges zu bezahlen?

JOHANN Ich? Nein. Weißt du, das würde mein Selbstbewußtsein untergraben.

EMILIE Auch ich hätte noch Geld, da mein Mann endlich abgekratzt ist. Aber: keinen Pfennig.

JOHANN Baal! Der Wind geht nicht mehr in sein Segel!

EMILIE Hier, in seiner Heimatstadt, ist für ihn gar nichts mehr zu holen. Er wird wohl immer widerlicher?

ECKART Ich nehme an ihm nichts mehr wahr. Aber betrachten Sie einige Zeit einen Baum. Im zweiten Jahr fallen Ihnen seine erschreckenden Lebensäußerungen nicht mehr auf. Übrigens kann man dem von Ihnen Genannten nicht ins Gesicht spucken momentan: Er geht abwärts. Einen Baum zu betrachten, würde mich, nebenbei erwähnt, jetzt reizen.

JOHANN Ich dachte, wir ziehen uns anständig an. Für mich ist der Mann Weltgeschichte.

EMILIE Ich bin gekommen, um das Wunder nach acht Jahren zu sehen. Baal! Du bist mir lieber mit deinem Kohlengeschäft. Baal! Wissen Sie: Es würde mir etwas fehlen, wenn er nicht doch noch in irgendeiner Form zugrunde gehen würde, und zwar ganz. Sie haben wohl viel mit ihm auszuhalten?

ECKART Er tut immer nur, was er muß.

EMILIE Ja. Weil er so faul ist.

ECKART Die Luft ist ganz trocken. Es ist ein verhältnismäßig milder Herbst. Heute nacht gehe ich weg. Er wird morgen erträglich trockenes Wetter für seine Beerdigung haben.

EMILIE Sie gehen auch von ihm weg. Sie wollen ihn auch loshaben?

ECKART Ja, jetzt sieht man es mir schon von der Stirn ab. Alle Leute sehen es ganz deutlich. Nur er glaubt es noch nicht. Obwohl ich es ihm immerfort sage. Auch heute wieder, paßt nur auf.

JOHANN Da ist er. Paßt auf.

BAAL *tritt in die Tür.*

EMILIE Ja, ich bin es, Emilie.

ECKART Was willst du schon wieder? Hast du das Geld?

BAAL Was ist das für ein armseliges Loch geworden?

EMILIE Oh, hier hat sich nichts verändert. Findest du es schlechter?

BAAL Bist du das, Sophie?

JOHANN Ja, das ist sie, ganz recht. Wie geht es Ihnen? Mir geht es sehr anständig. Hier ist es sehr gemütlich. Bier.

SOPHIE Bier.

ECKART Ja, hier mache ich Schluß. Ich gehe noch einmal in die Waldgegenden zurück. In der Frühe ist es dort ganz gut auszuhalten. Das Licht ist zitronenfarben zwischen den Stämmen. Heute nacht gehe ich los.

BAAL Gehst du wieder einmal? Siehst du, das glaube ich nicht. Ich fühle mich noch immer gesund.

ECKART Ich kannte einen Mann, der meinte das auch, er sei gesund. Er meinte es. Er stammte im Grunde aus einer Waldgegend und kehrte dorthin eines Tages zurück, um sich etwas zu überlegen. Von Anfang an fand er den Wald etwas fremd. Mehrere Tage ging er, weiter hinauf, in die Wildnis am Ende. Er wollte sehen, wie weit er abhängig war, wieviel noch in ihm war, daß ers auch aushielte. Aber es war nicht mehr viel.

BAAL Die zwei Zimmer der Hinterlassenschaft können wir als Dach gegen den Wind ansehen.

ECKART Wir? Ja, der Wind. An einem Abend um die Dämmerung ging er durch den Wind, zwischen die Bäume hinein, und stellte sich unter einen von ihnen, der besonders groß war.

EMILIE Das war der Affe in ihm.

ECKART Ja, vielleicht der Affe. Er lehnte sich vollständig an den Baum hin, der Baum war zwei Meter dick, er ging nach oben und unten, wenn der Wind an ihn hinkam, zischte es, aber der Baum war kein Baum mehr.

BAAL Wurde der Mann gesund?

ECKART Nein.

JOHANN Das verstehe ich nicht. Jedenfalls ist es hier wirklich
gemütlich, wie in alten vergangenen Zeiten.

EMILIE Wissen Sie noch? Ihre Chansons? *Summt.*

Doch wenn er vom Ekel und Hasse
voll bis zur Gurgel sei
schneide er sie ohne Grimasse
wahrscheinlich lässig entzwei.

Das war einmal eine Versprechung.

BAAL *zu Eckart:* Damals war diese Johanna Schreiber mit
hier.

EMILIE Ach, die Selbstmörderin. Die steckt immer noch in
einem Abzugskanal. Man hat sie damals nicht gefunden.
Er hat jetzt eine hübsche Kohlenhandlung mit Frau.

JOHANN Kognak.

SOPHIE Kognak.

EMILIE Sehe ich sehr verändert aus. Ich habe ganz gut vertragen, was du mit mir gemacht hast. Das paßt dir natürlich nicht. Ich konnte eine Zeitlang nur mehr Getränke vertragen, die achtmal gemixt waren. Vor dem Holzspiritus
hat mich mein seliger Mann durch Ohrfeigen gerettet.

BAAL Abgelehnt!

EMILIE Gebt mir eine Zigarre!

SOPHIE Zigarre.

EMILIE Gebt mir ruhig den schärfsten Schnaps. Ich gehe auch
mit jedem von euch schlafen, der sich darauf versteht.
Denn bei mir heißt es: Technik. Warum schaut ihr jetzt?

JOHANN Ich weiß nicht, es ist nicht der richtige Schwung in
dir, es ist eher unangenehm. Du solltest es lieber lassen.

EMILIE Ihr seid ja einfach vor die Hunde gegangen.

ECKART Vor die Hunde gehen! Ja, das ist eine große Leistung.
B sagen! Wer noch zugrund gehen kann: Hut ab.

EMILIE Zugrunde gehen! Ihr habt ja nicht einmal ein Loch,
wo andere ein Herz haben.

BAAL Abgelehnt.

EMILIE Ich habe mehr getrunken als ihr alle zusammen.

BAAL Du warst nie betrunken, du hast dich toll gehalten, du warst nie etwas wert. Die da hinten zum Beispiel, mir auch einst nahe, wurde völlig aufgebraucht. Das war eine erstklassige Erscheinung auf diesem Planeten.

EMILIE *weint.*

ECKART *zu Sophie:* Was tust du jetzt hier?

SOPHIE Bier wird viel bestellt. Manchmal auch Kognak. Die meisten wollen Bier haben, Kognak weniger.

BAAL *lacht, setzt sich zu Emilie:* Emilie, meine Erfahrungen aufgehäuft, bin ich heute bereit zuzugestehen, daß für mich jedes hingeschmissene Stück Fleisch ungeheuer wäre. Sollte von deiner Seite bis zum heutigen Tage noch eine Geneigtheit zu meinem Leibe bestehen, so kann ich, Zeit meines Lebens gewohnt, kein irgendwie geartetes Angebot vorübergehen zu lassen, dir heute schon sagen: Meine äußeren Verhältnisse werden mich dir in spätestens sechs Jahren, also wenn du in einem Alter von insgesamt vierzig Jahren stehst, geneigt machen. Freilich ist es hier vielleicht zu hell, um etwas zu sehen, und man muß es infolgedessen nur etwas dunkler machen, damit man etwas sieht. Jetzt singe ich.

Von Sonne krank und ganz von Regen zerfressen
geraubten Lorbeer im zerrauften Haar
hat er seine ganze Jugend, nur nicht ihre Träume vergessen
Lange das Dach! Nie den Himmel, der drüber war.

Meine Stimme ist ganz glockenrein.

ECKART Sing weiter, Baal!

BAAL *singt weiter:*

Oh Ihr, die Ihr aus Himmel und Hölle vertrieben
Ihr Mörder, denen viel Leides geschah!
Warum seid Ihr nicht im Schoß Eurer Mütter geblieben?
Wo es stille war und man schlief und man war da . . .

Das Banjo stimmt auch nicht, Eckart!

ECKART Weiter! Es ist keine Schande, Herz zu haben.

JOHANN Das ist ein gutes Lied. Ganz mein Fall, Romantik!

ECKART Noch einen Eimer Romantik für einen Kohlenhänd-
ler!

BAAL *singt:*

Er aber sucht noch in absynthnen Meeren
Wenn ihn schon seine Mutter vergißt
grinsend und fluchend und zuweilen nicht ohne Zähren
Immer das Land, wo es besser zu leben ist.

EMILIE Macht Licht. Ich will jetzt wieder Licht haben.
ECKART Wozu? Was ist mit dir, Baal?
10 BAAL Bist du mein Freund, Eckart?
ECKART Ja, sing!
BAAL Siehst du, ich bin der Kautschuk. *Singt.*

Im Tanz durch Höllen und gepeitscht durch Paradiese
trunken von Güssen unerhörten Lichts
träumt er gelegentlich von einer kleinen Wiese
mit blauem Himmel drüber und sonst nichts.

EMILIE *hat mühsam Licht entzündet, lacht.*
ECKART Laß doch das Licht aus! *Mit der Kellnerin auf dem
Schoß, steht mühsam auf, versucht, ihren Arm von seinem*
20 *Hals zu lösen.* Ich gehe jetzt. *Zu Baal:* Du sitzt auf mei-
nem Hut.
EMILIE Er hat es gar nicht gemerkt.
ECKART Ja, er merkt gar nichts mehr. Laß meinen Arm los!
Was hast du denn? Das ist doch nichts. Es ist lächerlich.
BAAL *duckt sich zum Sprung.*
ECKART Du bist doch nicht eifersüchtig?
BAAL *tastet sich vor. Ein Becher fällt.*
ECKART Warum soll ich keine Weiber haben?
BAAL *sieht ihn an.*
30 ECKART Kann ich nicht einmal mehr meinen Hut nehmen?
BAAL *wirft sich auf ihn, würgt ihn, das Licht erlischt. Emilie
lacht trunken, die Kellnerin schreit. Mann aus dem Neben-
zimmer herein mit Lampe.*
EMILIE Der hat ja ein Messer.

KELLNERIN Jesus Maria! Er mordet ihn.
Zwei Männer werfen sich auf die Ringenden.
BAAL *schaut die Leiche an:* Eckart!

Baal auf der Flucht. 10 Grad östlich von Greenwich.

11. Bild.
Wald, Baal mit Klampfe, Hände in Hosentaschen, entfernt sich.

BAAL Das war das letzte Feld, das ich abgraste! Dieser Aus-
verkaufswald. Gegen elf Uhr kommt der Mond. Dann ist
es hell genug. Das ist ein kleiner Wald. Ich trolle mich in
die großen hinunter. Ich laufe auf dicken Sohlen, seit ich
wieder allein in meiner Haut bin. Ich muß mich nach Norden halten. Nach den Rippseiten der Blätter. Ich muß die
kleine Affäre im Rücken lassen. Weiter! *Singt.*

Zu den feisten Geiern blinzelt Baal hinauf
Die im Sternenlichte warten auf den Leichnam Baal.

Entfernt sich.

Manchmal stellt sich Baal tot. Stürzt ein Geier drauf,
speist Baal einen Geier, stumm, zum Abendmahl.

Baal stirbt elend unter Holzfällern im Jahre 1912.

12. Bild.
Nacht, Regen, Holzfäller spielen Karten.
Baal auf schmutzigem Bett.

179

EIN MANN *sitzt bei Baal:* Was denkst du? Ich habe nämlich immer wissen wollen: Was denkt man in der Stunde des Absterbens? Du entschuldigst?

BAAL Ich glaube, ich horche auf den Regen.

DER EINE MANN Was? Das ist eigentümlich, nicht? Du stirbst da, und was tust du: Du horchst, glaubst du, auf den Wind. Siehst du, das kommt daher, weil du nicht der Sache ins Weiße im Auge schauen willst. Du pfeifst doch auf dem letzten Loch? Hast du jemand? Na, also! Na also. Zähne zusammen! Hast du noch Zähne? Na, also! Mitunter beißen Burschen ins Gras, die noch Spaß an vielerlei hätten. Millionäre! Aber du hast – nicht einmal Papiere! Stelle dich doch auf einen etwas überlegeneren Standpunkt! Die Welt ist gar nichts. Sie ist eine Art von Einbildung. Stelle dich ruhig auf diesen überlegenen Standpunkt. Denke dir: Eine Ratte verreckt. Na, also! Nur nicht aufmucksen! Du hast keine Zähne mehr.

DIE MÄNNER Da liegt jetzt dieser Mann mit seiner Lungenentzündung seit drei Tagen in unserm Schuppen, der nichts macht, als daß er in aller Ruhe verreckt. Kennt ihr die Sache von dem Knaben und dem Mond? Also: Zwei Knaben schauen den Mond an. Da sagt der eine: Schau, das ist ein ganz abgestorbener Körper. Da sagt der andere: Ja, dann ist er doch vollkommen überflüssig. Da sagt der eine: das schon. Aber wo soll er hin? – Spiel weiter! – Er geht einem gar nichts an, aber es ist etwas in dem schwammigen Ast, daß du an dich denkst, – Eichel zehner. – Haltet doch euren Rand. Wenn ihr nicht mehr Ernst habt, geht kein vernünftiges Spiel zusammen. *Stille und Flüche.*

BAAL Wieviel Uhr ist es?

DER EINE MANN Elf. Gehst du fort?

BAAL Bald. Wege schlecht?

DER EINE MANN Regen.

DIE MÄNNER Der Regen hat aufgehört.

EINER Wirst du abkratzen?

DRITTER Wir schlagen bis Mittag, und dann wollen wir essen.

BAAL Könnt ihr nicht noch etwas da bleiben?

ALLE Sollen wir Mama spielen? –

BAAL Wenn ihr noch dreißig Minuten bliebet.

ALLE Weißt du was? Verreck allein? – Was ist mit dir?

DER EINE MANN Ich komme nach.

BAAL Es kann nicht länger dauern, meine Herren. Sie werden nicht gerne allein sterben, meine Herren?!

MANN Altes Weib!

BAAL Zwanzig Minuten!

DER EINE MANN Sternenhimmel!

BAAL Wisch mir die Stirn ab!

10 DER EINE MANN So. Warum lachst du?

BAAL Es schmeckt mir.

DER EINE MANN *empört:* Addio! *Mit der Axt zur Tür.*

BAAL Danke.

DER EINE MANN Soll ich die Tür zumachen?

BAAL Nein! Du, komm einmal her! Komm näher! Ich bin einverstanden.

DER EINE MANN Womit?

BAAL Mit allem.

DER EINE MANN Aber jetzt ist es doch also vorbei.

20 BAAL Das war ausgezeichnet.

MANN Also, gehen wir!

BAAL Hallo! Gib mir das Buch.

MANN Du hast doch kein Licht.

BAAL *unruhig:* Du! Mann!

DER EINE MANN *im Fenster:* He?

BAAL Gehst du?

DER EINE MANN An die Arbeit!

BAAL Wohin?

DER EINE MANN Was geht das dich an?

30 BAAL Wieviel ist es?

DER EINE MANN Elf und ein Viertel. *Ab.*

BAAL Der ist beim Teufel. *Stille.* Eins, zwei, drei, vier, fünf, sechs. Das hilft nichts. *Stille.* Eckart! Wer ist da? Verzieh dich! Ich kann jetzt kein Kirschwasser brauchen! Es ist alles zum Greifen; es ist wieder tropfnaß. Eingeschlafen. Eins, zwei, drei, vier. Man erstickt hier ja. Draußen muß es heller sein. Ich will hinaus. Tut den Baum weg! Ich werde hinausgehen! Ich bin keine Ratte. Es muß draußen heller

sein. Zur Tür komme ich noch. Es ist hier gar keine Tür.
In der Tür ist es besser. Mensch! Stämme. Wind. Laub.
Sterne. Hm!

Zweiter Teil
Kritischer Apparat

Allgemeine Erläuterungen

Im ersten Teil des Bandes sind drei vollständige Fassungen von Brechts »Baal« kritisch ediert, die bisher nicht gedruckt vorlagen: die erste Fassung von 1918, die zweite Fassung von 1919, beide entstanden in Augsburg, und die Berliner Bühnenfassung von 1926, die in der Entstehungsgeschichte des Stücks die vierte Stelle einnimmt. (Die dritte Fassung, die den heutigen Textausgaben zugrundeliegt, erschien 1922 im Gustav-Kiepenheuer-Verlag, Potsdam.)

Jede der drei hier wiedergegebenen Fassungen ist in einem handschriftlich korrigierten Typoskript überliefert: Bei der ersten Fassung handelt es sich um einen Durchschlag zu einem verschollenen Original, bei den anderen Fassungen je um ein hektographiertes Exemplar. Die Besonderheiten eines Typoskripts können im Druck nicht nachgeahmt werden: Unterstrichenes erscheint gesperrt, Bühnenanweisungen und Regiebemerkungen, die bei Brecht meist in Klammern stehen, werden durch Kursivsatz wiedergegeben; die Namen der auftretenden Personen, die in den Typoskripten unterstrichen oder vor den Text an den Rand herausgerückt und mit einem Doppelpunkt versehen sind, werden durch Kapitälchen hervorgehoben.

Alle drei Typoskripte weisen Schreibfehler auf, besonders zahlreich sind sie im Text der ersten Fassung, der offenbar sehr schnell, häufig nach Diktat, geschrieben und nur flüchtig durchgesehen wurde. Da es auch die Aufgabe des Herausgebers ist, einen lesbaren Text vorzulegen, ließen sich Änderungen nicht vermeiden. Tippfehler, sie häufen sich bei Fremdwörtern, werden korrigiert; die Interpunktion wird vorsichtig den Regeln angeglichen. Die Anredepronomen der zweiten Person (du, ihr) und die dazugehörenden Possessivpronomen werden, im Unterschied zu den Typoskripten, kleingeschrieben; ›ss‹ wird, wo nötig, durch ›ß‹ ersetzt. Bei unterschiedlichen Schreibungen eines Wortes (z. B. Cabaret, Kabarett; Eckart, Eckard, Ekard, Ekart; Guitarre, Gitarre) wird, wenn nicht der Lautstand betroffen ist, einheitlich die am häufigsten vorkommende Form gesetzt. Solche Verbesserungen und Angleichungen durch den Herausgeber werden bei den Lesarten verzeichnet, wenn sich aus den Schreibfehlern oder Unregelmäßigkeiten im Typoskript Hinweise auf die Textgeschichte ergeben. Bei den Gedichten im Stück sind die oft erheblichen Inkonsequenzen erhalten geblieben; denn die »Normalisierung« an e i n e r Stelle hätte neue Unstimmigkeiten an anderen hervorgerufen, und die Unterdrückung auch dieser Abweichungen würde eine unerlaubte Veränderung der Kunstgestalt zur Folge gehabt haben.

In dieser k r i t i s c h e n Ausgabe ist der A p p a r a t nicht lediglich ein »Anhang«, sondern als z w e i t e r T e i l d e s B a n d e s eine notwendige Ergänzung des Textteils. Der Apparat bietet, für jede Fassung getrennt, eine E n t s t e - h u n g s g e s c h i c h t e, eine B e s c h r e i b u n g d e s T y - p o s k r i p t s und unter der Überschrift L e s a r t e n ein Verzeichnis der Textvarianten. In der Entstehungsgeschichte werden in knapper Form die Fakten mitgeteilt, die die Entwicklung des Werks bis zur jeweils behandelten Fassung kennzeichnen.* Die sich anschließende Beschreibung des Typoskripts enthält genaue Angaben über seine äußere Beschaffenheit. Bei der ersten Fassung z. B. führt eine Zusammenstellung der Blattformate, Papiersorten und Schreibmittel zu ganz überraschenden Ergebnissen für die Textgeschichte.

Wichtigster Teil des Apparats ist das L e s a r t e n v e r - z e i c h n i s. In ihm ist angegeben, wie sich der Text von der Grundschicht des Typoskripts bis hin zu der Form entwickelt hat, in der er im ersten Teil des Bandes abgedruckt ist.

Das verwendete Schreibmaterial wird durch sprechende Siglen bezeichnet: T oder t: Tinte, B oder b: Bleistift, K oder k: Kopierstift; m bedeutet: Sofortkorrektur mit der Schreibmaschine.

---

* Es sei hier auf eine kürzlich erschienene Untersuchung des Herausgebers hingewiesen, die in ausführlicher Weise die Entwicklung des Stückes »Baal« darstellt: Dieter Schmidt: »Baal« und der junge Brecht. Eine textkritische Untersuchung zur Entwicklung des Frühwerks. Stuttgart: Metzler (1966). (= Germanistische Abhandlungen 12.)

Siglen in Großbuchstaben zeigen an, daß eine Textänderung
von Brecht selbst vorgenommen worden ist, Siglen in Klein-
buchstaben, daß die Variante auf einer Eintragung von fremder Hand beruht. Wenn man (z. B. bei der Korrektur von
einzelnen Buchstaben, Satzzeichen, bei Streichungen, Umstellungen, Hervorhebungen) nicht sicher sagen kann, ob
Brecht oder ein andrer für eine Textänderung verantwortlich
ist, wird der groß- oder der kleingeschriebenen Sigle ein Stern-
chen (*) beigefügt; Hilfen bei der Schreiberbestimmung können andere Korrekturen in der Nachbarschaft der fraglichen
Stelle geben oder die durchgehende Verwendung e i n e s
Schreibmaterials in einer Szene von derselben, schon bekannten Hand.
An einigen Beispielen soll näher erläutert werden, wie Textvarianten in diesem Apparat verzeichnet sind:
25,6 Leiser! *k**] Leider
Jede der drei Fassungen im Textteil stellt für sich die letzte
Stufe einer Textentwicklung dar. Der Ausdruck Leiser! wird
mit Seiten- und Zeilennummer aus dem Text vorn im Band
»herausgenommen«: Er bildet das »Lemma«, zu dem eine
frühere Textvariante nachweisbar ist. Die sich anschließende
Sigle *k** gibt an, wie es zu diesem Lemma Leiser! gekommen
ist: durch eine Änderung mit Kopierstift von einer nicht näher
bestimmbaren Hand, vielleicht von Brechts Hand. Das Lem-
mazeichen] trennt somit die spätere, in den endgültigen Text
aufgenommene Form von der früheren, im Typoskript ste-
henden: Leider. Da für jede Fassung der Text eines Typoskripts die Grundschicht bildet, kann auf eine besondere Sigle
hierfür verzichtet werden. Kurz gesagt, bedeutet also die
Stelle: Leiser! ist durch eine Änderung mit Kopierstift entstanden aus Leider.
Diese Grundform der Lesartenverzeichnung wird variiert:
18,29 geschmeidig] gescmiedig Ein Lemma, bei dem die
Sigle fehlt, gibt eine Änderung des Herausgebers wieder.
60,20 ist] fehlt Das Wort ist, das im Typoskript fehlt,
ist vom Herausgeber sinngemäß ergänzt worden.
19,32 Kies] Kiess T aus Kuss Das Wort Kies ist durch
eine Herausgeberkorrektur hervorgegangen aus Kiess, das

durch eine Änderung von Brechts Hand mit Tinte entstanden ist aus Kuss im Typoskript.

Zur übersichtlichen Gliederung des Apparats sind die Lesarten szenenweise angeordnet; aber auch da, wo keine Textvarianten vorliegen, werden die Szenentitel wiederholt. Jede Lesart steht in einer eigenen Zeile; nur Varianten, die als Ergänzung zu einem schon zitierten größeren Zusammenhang (z. B. bei einem Gedicht) nachgetragen werden, sind mit Seiten- und Zeilennummern fortlaufend hintereinander gesetzt.

Der Apparat dieser Ausgabe enthält neben dem Verzeichnis der Entstehungsvarianten und der Änderungen des Herausgebers auch e r l ä u t e r n d e Hinweise. So wird z. B. angegeben, wo Hör- oder Abschreibfehler erkennbar sind, welche Leitfehler der ersten und der zweiten Fassung gemeinsam sind, welche Besonderheiten ein Typoskript bei der Textdarbietung aufweist.

Im ersten Teil des Bandes erscheinen in Kursivschrift lediglich die Bühnenanweisungen und Regiebemerkungen. Im Apparat ist grundsätzlich jedes Wort und Zeichen des H e r a u s g e b e r s kursiv gesetzt; da bei den Lesarten oft kursiv ausgezeichneter Dichtertext mit Erläuterungen des Herausgebers zusammentrifft, ist dort für die Erläuterungen Kursivsatz in kleinerem Schriftgrad gewählt worden.

Mit den hier edierten Fassungen sind noch nicht alle Texte zum »Baal« bekanntgemacht. In einem zweiten, ergänzenden Band der edition suhrkamp (Nr. 248) werden die fünfte und letzte Fassung, die nicht in den endgültigen Text aufgenommenen Szenen und Entwürfe sowie das Fragment »Der böse Baal der asoziale« kritisch herausgegeben. Durch Deszendenzschema und Szenensynopse wird die Entwicklung der Fassungen noch einmal veranschaulicht. Dazu kommen die gesammelten Äußerungen Brechts über das Stück und in einem umfangreichen dokumentarischen Teil: »Baal« auf der Bühne, Theaterkritiken von 1923 bis 1967.

Für die großzügige Unterstützung der Vorarbeiten zur Edition dieser drei Fassungen dankt der Herausgeber Frau Professor Helene Brecht-Weigel, Frau Elisabeth Hauptmann und den Mitarbeitern des Bertolt-Brecht-Archivs. Mit besonderer

Verehrung und Dankbarkeit sei Herr Dr. habil. Hans Otto Münsterer genannt, der als Freund Brechts die Entstehung der ersten Fassungen des »Baal« miterlebt hat. In selbstloser Weise hat er dem Herausgeber seine Aufzeichnungen aus dieser Zeit zugänglich gemacht und ihn in zahlreichen Gesprächen am Reichtum seiner Erinnerung teilhaben lassen.

Baal
[1918]

Entstehung *

*Im Sommersemester 1918 hält Brecht im theaterwissenschaft-
lichen Seminar Artur Kutschers in München ein Referat über
Hanns Johsts Roman »Der Anfang«. In seine scharfe Kritik
bezieht er auch das übrige Werk des Schriftstellers ein und er-
klärt, daß er zu dessen idealistischem Drama »Der Einsame«
ein Gegenstück: »Baal«, schreiben werde. »Der Einsame. Ein
Menschenuntergang« war am 30. März 1918 in den Münche-
ner Kammerspielen erstaufgeführt worden und hatte in
Brechts Freundeskreis eine Diskussion ausgelöst. Man kann
somit annehmen, obwohl die Buchausgabe des Dramas schon
1917 erschien, daß der Besuch einer A u f f ü h r u n g (vielleicht, wie Münsterer vermutet, bei einem Gastspiel der Mün-
chener Kammerspiele Mitte April in Augsburg) für Brecht
der unmittelbare Anlaß zu seiner literarischen Antithese gewesen ist. Der 3 0. M ä r z 1 9 1 8 wäre dann für die Entstehung des Stücks der T e r m i n u s p o s t q u e m.
Bereits Anfang Mai teilt Brecht dem Freund Hans Otto
Münsterer mit, daß die halbe Komödie »Baal« schon fertig
ist, und wenige Tage später, in einem zweiten Brief, macht er
einen Vorschlag für den Titel: Baal frißt! Baal tanzt!! Baal
verklärt sich!!! Daß die Arbeit an der frühesten Schicht des
Stücks kurz darauf beendet ist, beweisen (freundlicherweise
von Erich Maiberger zur Verfügung gestellte) Tagebuchauf-
zeichnungen Otto Andreas Bezolds. Er hat »Baal« am 18.*

* Die hier mitgeteilten Daten und Fakten sind genau belegt in der er-
wähnten Abhandlung »›Baal‹ und der junge Brecht«. Wichtige Hinweise
zur Entstehung der ersten beiden Fassungen verdankt der Herausgeber den
zahlreichen Gesprächen mit Hans Otto Münsterer und seinem Buch: Bert
Brecht. Erinnerungen aus den Jahren 1917–22. Zürich: Arche (1963), sowie Erich Maiberger, Augsburg.

und 19. Mai einer Sekretärin der Haindlschen Fabrik, deren Direktor Brechts Vater ist, aus Brechts Manuskript in die Maschine diktiert. Am 20. Mai wird das fertige Typoskript von Brecht und Bezold durchgesehen. An dieser Form des Stücks hat Brecht also etwa eineinhalb Monate gearbeitet; die oft zitierte Behauptung, das Stück sei aufgrund einer Wette in vier Tagen entstanden, ist demnach unzutreffend.

Daß Brecht diesen Text nicht als endgültig betrachtet hat, geht aus einem Brief an den zum Kriegsdienst eingezogenen Freund Caspar Neher hervor, der am 31. Mai (Fronleichnam) in Augsburg geschrieben ist. Wie schon Anfang Mai spricht Brecht wieder davon, daß er mit einer Komödie »Baal« beschäftigt ist. Mitte Juni schreibt er an »Cas« in einem Brief aus München:

Meine Komödie:
Baal frißt! Baal tanzt!! Baal verklärt sich!!!
Was tut Baal?
24 Szenen.
ist fertig und getippt – ein stattlicher Schmöker! Ich hoffe damit einiges zu erreichen.

Da es unwahrscheinlich ist, daß Brecht dem Freund, der die Gestalt des Baal in seinen Zeichnungen verherrlicht hat, die Fertigstellung des Stücks mit großer Verspätung berichtet hätte, muß zu diesem Zeitpunkt schon eine zweite Form der ersten Fassung vorgelegen haben.

Eine Augsburgerin, die als Sekretärin in der Haindlschen Fabrik gearbeitet hat, erinnert sich, daß sie für den jungen Brecht auf Ersuchen des Vaters, ihres Vorgesetzten, an einem Wochenende im Juni ein Manuskript des »Baal« abgeschrieben hat. Das auf einer firmeneigenen Maschine angefertigte Typoskript habe 44 Seiten umfaßt, von jeder Seite seien acht Durchschläge gemacht worden. Da man im allgemeinen nur einen Text, den man für endgültig hält, mit so vielen Durchschlägen schreiben läßt, kann angenommen werden, daß Brecht die letzte Form des Textes erreicht sah und daß auf den 44 Seiten die 24 Szenen des »Baal« stehen, die er in seinem Brief an Neher erwähnt.

Aber anscheinend ist Brecht auch mit dem gerade erreichten Text noch nicht zufrieden. Eine weitere ehemalige Sekretärin der Haindlschen Fabrik, die noch in Augsburg lebt, weiß zu berichten, daß sie gelegentlich Szenen des »Baal« geschrieben hat, die aber untereinander keinen Zusammenhang hatten. Wahrscheinlich hat Brecht immer wieder einzelne Szenen gegeneinander ausgetauscht oder ganz neue hinzugefügt. Das einzige überlieferte Typoskript der ersten Fassung enthält 26 Szenen.

Bei Semesterschluß, Ende Juli 1918, legt Brecht seinen dramatischen Erstling »Baal« dem »Theaterprofessor« Artur Kutscher zur Begutachtung vor. Damit ist für die Entstehung der ersten Fassung der T e r m i n u s a n t e q u e m gegeben.

Beschreibung des Typoskripts

Das einzige überlieferte Typoskript der ersten Fassung ist im Besitz des Bertolt-Brecht-Archivs, Berlin. Es hat die Kopienummern 1348/1–53. Zwei Blätter sind aus technischen Gründen je doppelt photokopiert (und numeriert); das Typoskript besteht also aus 50 (einseitig beschriebenen) Blättern und dem Umschlag.

Das Äußere des Typoskripts, es handelt sich um einen Durchschlag, spiegelt eine vielschichtige Entwicklung wider. Der Text ist abwechselnd auf drei Maschinen geschrieben: Die eine, am häufigsten verwendete, hat Kursivschrift, die beiden anderen verschiedene Geradschriften: 1 und 2. Die zwei Blätter in Geradschrift 2 haben eine schwarze, alle übrigen eine blau-violette Schriftfarbe.

Bei einer Untersuchung der B l a t t f o r m a t e und der P a p i e r b e s c h a f f e n h e i t lassen sich weitere fünf Materialschichten feststellen:

a) 207 x 328 mm; *dünnes, hartes Durchschlagpapier ohne Zeichnung;*

b) 205 x 327 mm; *wertvolles, festeres Durchschlagpapier mit feinen waagrechten und in größerem Abstand senkrecht verlaufenden Drahtlinien;*

c) 211 x 331 mm; *dickeres, gelbliches, rauhes Papier von mäßiger Qualität, an den Rändern rechts außen und oben vergilbt;*

d) 208 x 327 mm; *eine Art Konzeptpapier, gelblich, rauh, jedoch feiner und dünner als das unter c aufgeführte Papier;*

e) 209 x 330 mm und 210 x 328 mm; *weißes, stärkeres, glattes Schreibmaschinenpapier.*

Fragt man nach der Art der zahlreichen Schreibfehler im Typoskript, kommt man zu dem Ergebnis, daß die meisten Szenen in die Maschine diktiert, einige aber von einer (handschriftlichen) Vorlage abgeschrieben worden sind.

Als bedeutsam stellt sich heraus, daß trotz allen Verschiedenheiten im Typoskript jede Szene für sich stets einheitlich gestaltet ist.

In der folgenden tabellarischen Übersicht wird deshalb szenenweise aufgeführt, wie sich im Typoskript Schriftart, Papiersorten, Fehler beim Diktat und beim Abschreiben verteilen. Nach dem Szenentitel (jede Szene ist für sich paginiert, eine im ganzen Typoskript durchlaufende Numerierung fehlt) folgt die Angabe der Papiersorte (a bis e), je nach der verwendeten Schreibmaschine als k u r s i v e r *oder* g e r a d e r *Buchstabe. Daran schließt sich durch A oder D der Hinweis an, ob die Szene abgeschrieben oder diktiert worden ist. Wo sich eine genaue Feststellung nicht treffen läßt, fehlt die Sigle.*

Inventar: / Letzter Wille.	a	A
Soiree.	b	D
Baals Dachkammer.	b	D
Feldrain mit Baum.	b	D
Baals Dachkammer.	b	D
Die Legende der Dirne Evlyn Roe.	b	

Wirtsstube.	*b*	*D*
Baals Kammer.	*b*¹	*A*
Baals Kammer.	*a*¹	
Baals Kammer.	*a*¹	
Straße vor einer niederen Schenke.	*b*	*D*
Baals Kammer.	*c*	*D A*
Redaktionsstube.	*a*	*D*
Nacht.	*c*	
Hinter den Kulissen eines Kabaretts.	*b*¹	*A*
Nachtcafé.		
Gefängniszelle.	*a*	
Grauer Gefängnishof.	*b*	
Landstraße, Sonne, Felder.	*b*	
Der Choral vom großen Baal.	*d*	
Ländliche Schenke. Gegen Abend.	*b*	*D*
Das Lied von der Wolke der Nacht.	*a*	*D*
Landstraße am Getreidefeld.	*a*	
Tod im Walde.	*e*²	
Bauernschenke.	*a*	
Die Kammer von Baals Mutter.	*b*	*D*
Bank in einer Anlage. Nacht.	*b*	
Schenke.	*a*	*D*
Landstraße. Abend. Wind. Regenschauer.	*e*²	
Weg durch eine Heuwiese.	*a*	
Wald. Eine Bretterhütte.	*b*	*D*

Aus der Tabelle lassen sich Hinweise zur Entstehung der in diesem Typoskript niedergelegten Form der ersten Fassung gewinnen.

Der auffällig häufige Wechsel der Schreibmaterialien deutet darauf hin, daß das Stück in einzelnen Szenenkomplexen zu verschiedenen Zeiten geschrieben worden ist. Bei diesem uneinheitlichen Herstellungsprozeß kann das Typoskript in seinem ganzen Umfang weder mit dem von Bezold im Mai diktierten noch mit dem im Juni abgeschriebenen identisch sein. Vermutlich stammen die nach Diktat geschriebenen Szenen aus dem im Mai entstandenen Typoskript, erkennbar an den Hörfehlern, der kursiven Schrift auf den Papiersorten a und b.

In diese Grundschicht werden in einem anderen Arbeitsgang die Szenen eingefügt, in denen »Anna« auftritt. Sie (und die Szene Hinter den Kulissen eines Kabaretts) sind auf einer Maschine mit Geradschrift 1 sauber getippt, und zwar nach einer Vorlage. Einen Hinweis zur Datierung dieser Textschicht enthält vielleicht ein Blatt aus der Kabarettszene. Es ist wahrscheinlich als »Walzenschoner« benützt worden und läßt auf der Rückseite in ganz schwach durchgedrückter Maschinenschrift das Datum »18. Juni 1918« erkennen. Wenn die Blätter mit Geradschrift 1 zusammen abgeschrieben worden sind, müssen auch die Anna-Szenen kurz nach jenem Typoskript entstanden sein, von dem Brecht seinem Freund Neher Mitte Juni berichtet hat.

Noch ein zweitesmal kann am äußeren Erscheinungsbild des Typoskripts eine Textschicht sichtbar gemacht werden. Alle Szenen mit »Sophie Dechant« als handelnder Person stehen auf Papier c und sind wohl von einer Vorlage abgeschrieben. Vermutlich ist die Dechant-Handlung von Brecht noch später als die Anna-Handlung in das Stück eingefügt worden, da der Name »Sophie« im Personenverzeichnis fehlt.

Auch die Gendarmen-Szene, die eine Station auf Baals Flucht zeigt, sowie das Gedicht »Tod im Walde« sind später der »Grundschicht« einverleibt worden.

Die aus den verschiedenen Entwicklungsstufen hervorgegangenen Blätter sind in einem braunen, mit der Schere zurechtgeschnittenen Kartonumschlag zusammengeheftet worden, der die sorgfältig von Hand ausgeführte Aufschrift trägt: Baal / Theaterstück von Bert Brecht. Die Reihenfolge der Szenen in der ersten erhaltenen Fassung des Stücks ist nun festgelegt.

Der mit zahlreichen Fehlern getippte Text ist nur flüchtig korrigiert. Es sind Eintragungen mit Tinte, Bleistift und Kopierstift von Brechts Hand und mit gleichen Schreibmaterialien auch von fremder Hand zu erkennen. Wahrscheinlich sind solche Änderungen von Brechts Freunden, von Bezold in den von ihm diktierten Szenen zum Beispiel, und von den Schreibern selbst vorgenommen worden. Es ist nicht möglich, anhand der Korrekturen Schichten der Überarbeitung festzustellen. Es läßt sich lediglich (an Druckspuren) beobachten,

daß eine Reihe von Veränderungen erst nach dem Heften des
Typoskripts vorgenommen worden ist.
Bei der Beseitigung nicht korrigierter Textverderbnisse hat
sich der Herausgeber im Zweifelsfall an der zweiten Fassung
orientiert, wo sie auf der ersten beruht.

Lesarten

Baal
Theaterstück von Bert Brecht.

Inventar:

Letzter Wille.
11, 10 f. Den Schauspielern, *bis* auskommen: *k**] der Schauspieler, *bis* auskommen?
11, 13 Tiere *k**] T?re *offenbar war das Wort für den Abschreiber unleserlich*

Soiree.
13, 14 so *m*] sol *wahrscheinlich Ansatz zu »solch«*
13, 32 Whitman] Withmann
14, 20 f. seiner *eingefügt von B*
15, 30 *Weite.*] *Weite:*
15, 36 *kopfschüttelnd*] *Kopf schüttelnd*
16, 14 Philippi] Phillippi

Baals Dachkammer.
17, 12 es *eingefügt von B*
17, 18 onyxglänzende] onixglänzende
17, 20 f. erdbeerroten] Erdbeerroten

17, 22 zarte *m*] harte

17, 30 f. Unschuld, nicht,] Unschuld nicht, *vgl. 2. Fassung 89, 24 f.*

17, 34 Nächte lang] Näche tang *wahrscheinlich Hörfehler; vgl. 2. Fassung 89, 28*

18, 2 nachts] nackt *wahrscheinlich Hörfehler; vgl. 2. Fassung 89, 30*

18, 12 neigen, zu] eigen zun

18, 19 der immer *B*] den man

18, 29 geschmeidig] gescmiedig

18, 30 schmeichelnd] meidend *vgl. 2. Fassung 90, 21*

18, 30 herrlich *T*] herrisch *vgl. 2. Fassung 90, 21*

18, 36–38 Gliedern nach. Alle *bis* versteckt ihr *B*] Gliedern nach, alle *bis* versteckt ihr *durch einen Fehler beim Weiterschalten sind zwei Zeilen ineinander getippt worden; zur besseren Lesbarkeit wird der Text, leicht geändert, auf dem unteren Blattrand von B wiederholt* 18, 38 und] u. *B*

18, 38 einander] *stenographisches Kürzel B*

18, 39 nicht *eingefügt von B*

19, 2 innigste *T*] innige

19, 8 Aber ihr] Aber Ihr *T aus* Ihr *T aus* Sieh ihr

19, 11 sie *eingefügt von B vor* mit

19, 11 sie wird *B*] die wird

19, 18 f. Graugelb, massiv] Graugelb massiv *vgl. 2. Fassung 91, 9 f.*

19, 21 in kühlem] in kühlen *vgl. 2. Fassung 91, 12*

19, 21 Tang *B*] Tannen *wahrscheinlich Hörfehler*

19, 32 Kies] Kiess *T aus* Kuss

19, 32 Aber *T*] denn *davor von T gestrichen:* Die Liebe ist das Äußerste, sie ist Antrieb und Erschlaffung, sie faßt alles in sich und eint alle Genüsse in einem Moment. Man braucht alle Kraft in ihr auf, und was weggeht, ist ein Bündel Nerven, Kleider, Knochen und Müdigkeit,

Feldrain mit Baum.

20, 7 hat er mit *B*] hatte mich *vielleicht Hörfehler*

Baals Dachkammer.

21, 17 nacht] Nacht *eingefügt von m*

21, 30 mitunter dumpf] mit Unterdumpf *Hörfehler*

22, 4 Pflügen] Pfüggen ? — *vgl. 2. Fassung 97, 7*

22, 8 f. gottgewollte] Gott gewollte

22, 21 raus *m*] heraus
22, 36 spucken] *so (mundartlich)*
23, 37 die Sie] die sie *k* aus der sie*
24, 1 vereinbar] vereinbart *vgl. 2. Fassung 99, 3*
24, 11 *ihn B*] *und*

Wirtsstube.

24, 26 es *eingefügt von B*
25, 6 Leiser! *k**] Leider
25, 17 zimpferlich] *so (mundartlich)*
25, 26 DIE LEGENDE DER DIRNE EVLYN ROE *ist im Typoskript auf zwei gesonderten Blättern vor dieser Szene links eingeheftet* 25, 27 blau *k**] blaz 25, 31 härnes *b**] häernes 26, 20 Raa] *so (alte Form von* »*Rah*«)*; so auch 27, 12*
29, 10 *Marie weint.*] Marie weint.
29, 16 Ekart] Eckard *so auch 29, 18*
29, 18 genialer Komponist *k* b**] Genialkomponist
29, 35 so, so, nehmen] so so, nennen
30, 5 i m L e b e n ! *k**] im Leben!
30, 14 *Marie müd zum Buffet.*] M. müht zum Büffe.
30, 15 nicht] *danach von m gestrichen:* einmal
30, 16 EKART] EKARD *von hier an in dieser Szene immer so*
30, 20 Halt! Bezahlen!] Halt Bezahlen!
30, 20 sie *B**] Sie
30, 35 einen] am
31, 37 *Johannes.*] *Joh.*

Baals Kammer.

32, 5 f. tränenbenetzt *B**] traumbenetzt *wahrscheinlich Abschreibfehler*
32, 10 es *eingefügt von B*
34, 12 brennen] *davor im Typoskript Platz gelassen für 8 Buchstaben, wahrscheinlich wegen Unleserlichkeit der Schreibvorlage*
34, 16 bin . . .] bin

Baals Kammer.

35, 2 f. sitzend.] sitzend:

Baals Kammer.

36, 12 gestern . . .] gestern

Straße vor einer niederen Schenke.

39, 1 Straße vor einer niederen Schenke.] Straße
vor einer niederen Schenke,
39, 4 tun *B*] tönen
39, 20 WIRT] *fehlt*
39, 28 Wissen Sie, was] Wissen was
40, 17 unser *m*] unseren

Baals Kammer.

41, 8 immer *T*] nun *falsche Lesung von handschriftlich* im̅er
41, 25 du *T*] Sophie
41, 37 hab *T*] habe
42, 12 Tang *T*] Tanz *beim Abschreiben des Manuskripts Verwechslung von ›g‹ mit ›z‹ in deutscher Schrift*
42, 16 Du, Mutter? . . . *T*] Du, Mutter˙. . . .
42, 18 immer *T*] nur *vgl. Lesart zu 41, 8*
42, 21 Die Huren! *angefügt von T*
42, 26 Tee] Thee
42, 28 f. Ehrfurcht mehr? *T*] Ehrfurcht?

Redaktionsstube.

43, 36 Etzettera, etzeterrra! *m*] Etc. etc.
44, 12 Vordermanns *B**] Vordermannes
44, 15 lieblich-leibliche *B**] lieblich leibliche
44, 27 bunt] bund *B* aus* bunt
45, 8 Stoff doch! *T**] Stoff, doch!
45, 22 Gelenke *B*] Geländer
45, 33 anzugreifen, *B**] anzugreifen.
45, 38 bitten? *B**] bitten.
46, 6 *Prokurist*] Prok. *von hier an in dieser Szene immer so*
46, 33 Das ist ausgezeichnet!] PROK. Das ist ausgezeichnet!

Nacht.

48, 7 dich] Dich *T aus* Dich

48, 12 Dachlucke] *so (mundartlich)*
48, 14 anders. T] anders?
48, 15 Gut, T] Heute
48, 15 mir T] mirs
48, 16 hinkommst! T] hinkommst?
48, 18 Kabarett] Cabaret
48, 23 Leib] Lieb

Hinter den Kulissen eines Kabaretts.

49, 2 *Beefsteak*] *Beafsteak so auch 50, 11*
49, 4 *Couplet*] *Kuplet*
49, 5 CONFÉRENCIER] CONFÉRENZIER *außer bei dem von T Eingefügten in dieser Szene immer so*
49, 12—17/24—28 *eingefügt von T, um freigelassenen Raum im Typoskript zu füllen; vielleicht sollten an diesen Stellen ursprünglich die Couplettexte der Chansonette wiedergegeben werden* 49, 16 *eine Bewegung T*] *ein Zeichen T* 49, 26 Na. *eingefügt von T*
50, 21 i s t T] ist
50, 22 S i e T] Sie
50, 24 Pièce K*] Pläne
50, 30 CHANSONETTE *b*] EINER
50, 31 immer T] nur *vgl. Lesart zu 41, 8*
50, 32 der den T] den der
52, 9 *Stürzt K*] *Stützt*

Nachtcafé.

52, 20 Nachtcafé.] Nachtcaffée.
52, 29 in T] an
53, 1 Naiven T] Stärkeren
53, 2 lieben T] leben
53, 3 sie *eingefügt von T*
53, 22 Ihr bleibt *m*] Ich bleibe

Gefängniszelle.

54, 18 Domänen *T*] *Dämonen*
54, 34 der *eingefügt von B*
55, 22 aufs] aus

Grauer Gefängnishof.
56, 27 Nimmt] Trägt

Landstraße, Sonne, Felder.
57, 13 EKART] ECKART *auch sonst in dieser Szene so*

Der Choral vom großen Baal.
58, 10 Schnapsbudicke] *so*

Ländliche Schenke. Gegen Abend.
60, 14 Gitarre] Guitarre
60, 16 EINER] I.
60, 20 ist] *fehlt*
60, 21 worden.] worde,
60, 24 Bravo! Bravo!] Brahwo! Bravoh!
61, 5 Guttat *m*] Wohltat

Landstraße am Getreidefeld.
61, 10 Ekart] Eckart *auch sonst in dieser Szene so*
61, 16 DAS LIED VON DER WOLKE DER NACHT *ist im Typoskript auf einem gesonderten Blatt vor dieser Szene eingeheftet* 61, 19, Wolken] Wolke *m aus* Wolken 61, 19 über Feld] überfällt *Hörfehler* 61, 22 Wolke *m*] Wolken 61, 23 sehnsuchtstoll *T**] sehnsuchtsvoll
62, 7 durch *m*] für

Bauernschenke.
63, 3 Ekart] Eckart *auch sonst in dieser Szene so*
63, 18 TOD IM WALDE *ist im Typoskript auf einem gesonderten Blatt vor dieser Szene links eingeheftet* 63, 31 sind] *danach von m gestrichen:* die 64, 2 Du *T**] Du 64, 9 Dreck Du, Lumpenhaufen! *B*] Dreck und Lumpenhaufen 64, 21 Eckel] *so (mundartlich)*

Die Kammer von Baals Mutter.
66, 20 um darinnen *k**] und darinen
66, 21 Kind zu gebären *K*] Kindergebären

66, 28 keiner] Keiner
66, 29 einer] Einer
67, 9 f. Mark] *davor ist im Typoskript Raum gelassen für den noch ein-*
zusetzenden Betrag

Bank in einer Anlage. Nacht.

Schenke.
68, 23 gemacht? *T*] gemacht.
68, 24 EKART] ECKART *auch sonst in dieser Szene so*
69, 4 unartigen] unartige *T aus* unnötige *von B* gestrichen*
69, 10 Schneide *T*] Schneid
69, 20 Bettfedern *T*] Strumpffedern *wahrscheinlich Hörfehler für*
»Sprungfedern«
69, 25 Wischst *T*] Wisch
69, 26 doch! *T*] doch
69, 32 de-, demütig] de- demütig
70, 2 zwei, zw – ei,] zwei zw – ei
70, 4 Gitarre] Guitarre *auch sonst in dieser Szene so*
70, 31 kurz *B*] Sturz
71, 9 *Watzmann*] *Watzm.*
71, 19 Ekart, hilf!] Eckart, hilf! *T aus* Luise!

Landstraße. Abend. Wind. Regenschauer.
71, 22 GENDARM] G. *von hier an in dieser Szene immer so*

Weg durch eine Heuwiese.

Wald. Eine Bretterhütte.
73, 33 Na also! *B**] Nahe so!
75, 2 Wisch den Speichel weg! *B**] *Wischt den Speichel weg*
Regieanweisung

Baal

[1919]

Entstehung

*Nach der Fertigstellung der ersten »Baal«-Fassung im Som-
mer 1918 beschäftigt sich Brecht mit einer Fülle dramatischer
Pläne; er schreibt im Frühjahr 1919 mit dem Titel »Sparta-
kus« eine erste Fassung des später »Trommeln in der Nacht«
genannten Stücks. Im April nimmt er sich »Baal« wieder
vor, an dem er den ganzen Monat über intensiv arbeitet. Er
löst sich aus der engen antithetischen Bindung an Johsts »Ein-
samen« und erprobt nun in neuen Szenen die Möglichkeiten
eigener Handlungsführung und -gestaltung.*

*Münsterer, der die Entwicklung selbst miterlebt hat, berich-
tet über die ständigen Veränderungen und das Wachstum des
Stücks in seiner Monographie:*

*»Große Partien des ersten Teils, insbesondere auch die Redak-
tionsszenen, in denen sich Baal noch geradezu an eine ge-
regelte Existenz klammert, sind gestrichen, das Ganze wirkt
dadurch ungebärdiger und unbürgerlicher. Aber schon die
nächsten Tage bringen weitere Änderungen. Um dem Vor-
wurf der Kraftmeierei zu begegnen, muß eine Verzichtszene
hinein, am 4. [Mai] wird die ganze Johannes-Episode mit
dem liegengebliebenen Regenschirm gestrichen, der Raub der
Dechant, der Sophie Barger der Druckfassung, soll wegfallen,
ebenso fehlen die prächtigen ersten Landstraßenszenen. Die
frühere Hotel-Kontinental-Szene wird durch die Fuhrmanns-
kneipe ersetzt, und das vorgetragene Gedicht ist dementspre-
chend ordinärer. Neu eingeführt wird ein geschäftstüchtiger
Nigger als Vorläufer des späteren Mjurk, der freilich bald
wieder ausgemerzt wird. Am 6. Mai liest uns Brecht die eben
entstandene Stierszene vor, über die wir eingehend diskutie-
ren. Ganz zuletzt wird meiner Erinnerung nach die Strolch-
szene eingebaut, die das Prozessionsmotiv des ›Urbaal‹*

wieder aufnimmt. So geht es Tag für Tag weiter mit Änderungen und Umstellungen; die drei Verführungsszenen werden zusammengerafft und durch die dazwischen einsetzende Bettlerorgel verbunden; schließlich soll dem Stück gar noch das zynische Motto ›Cacatum est. Punkt. Non pictum‹ vorangestellt werden. Am 20. Mai ist es endlich so weit, daß mir Brecht das Manuskript zur Durchsicht mitgeben kann; ein paar Änderungsvorschläge werden von ihm wohlwollend aufgenommen.« (S. 107 f.)

Einzelne Angaben Münsterers decken sich nicht vollständig mit dem überlieferten Text der zweiten Fassung. Ein Teil der Änderungen, die er schildert, ist hier noch nicht verwirklicht oder schon wieder rückgängig gemacht worden. Die Verbindung dreier »Verführungsszenen« (mit Johanna, den beiden Schwestern und Sophie), von denen die zweite einen Verzicht Baals zeigt, wird erst in der dritten Fassung gestaltet. Der Raub der Geliebten fehlt in keiner der bekannten Fassungen.

Die zweite Fassung aus dem Jahr 1919, in der die Gestaltung des Baal-Stoffes den stärksten dichterischen Ausdruck findet, ist in einigen Teilen schon so angelegt wie die später gedruckte Form des Stücks.

Beschreibung des Typoskripts

Das einzige überlieferte Typoskript der zweiten Fassung, es handelt sich um ein hektographiertes Exemplar, befindet sich im Besitz Elisabeth Hauptmanns, Berlin. Die Kopie im Bertolt-Brecht-Archiv hat die Nummern 2121/01–59.

Das Typoskript ist in einen festen braunen Pappumschlag geheftet, der von fremder Hand die Aufschrift »alte Fassung« trägt. Es umfaßt mit Titelblatt 55 einseitig beschriebene Blätter und ist zwar von Szene zu Szene, aber nicht im ganzen durchlaufend numeriert.

Der Text ist von geübter Hand sauber auf einer Maschine

*mit Kursivschrift getippt. Das Papier ist dick und rauh, wie
es für Vervielfältigungen verwendet wird; es hat das Was-
serzeichen: Manila / Schreibmaschinen / [Flügelrad]. Die
Schriftfarbe ist blau.*

*Die wenigen Schreibfehler geben Auskunft über die Grund-
lage für diesen Text. Es werden auffällige Fehler der ersten
Fassung wiederholt, wie zum Beispiel Phillippi, Withmann.
An anderen Stellen sind jedoch handschriftliche Korrekturen
im überlieferten Typoskript der ersten Fassung für die zweite
Fassung nicht berücksichtigt worden. Daraus geht hervor, daß
der mechanisch verfahrende Schreiber bei gleichlautenden
oder wenig geänderten Szenen ein Typoskript der ersten Fassung als Vorlage benützt hat, jedoch nicht das hier beschriebene, sondern, abweichend korrigiert, einen anderen Durchschlag oder das Original.*

*Die Vervielfältigung dieses Typoskripts läßt darauf schließen,
daß Brecht die zweite Fassung für besonders gelungen hielt
und daß er beabsichtigte, sie einem größeren Kreis bekannt-
zumachen (um so mehr muß es verwundern, daß nur ein ein-
ziges Exemplar davon erhalten ist). Wie weit sich Brecht
vorgewagt hat, beweist die Tatsache, daß das Exemplar Elisabeth Hauptmanns ursprünglich im Besitz des Drei-Masken-
Verlags, Berlin, war; vermutlich hat Brecht sein Stück nicht
nur an Verlage geschickt, sondern auch an das Münchner Resi-
denztheater – aber dort wie hier ohne Erfolg.*

*Das Typoskript weist einige Änderungen von Brechts Hand
auf, gelegentlich mit Bleistift, meist mit Tinte. Tintenflecke
auf der Rückseite des vorangehenden Blattes lassen erkennen, daß zumindest die Tintenkorrekturen erst im gehefteten
Exemplar vorgenommen worden sind.*

*In dieser Edition sind nicht die zahlreichen Bleistiftnotizen
Elisabeth Hauptmanns und gelegentliche Eintragungen mit
blauem Kugelschreiber von Brechts Hand berücksichtigt, die
die Überarbeitung einiger Szenen für die 1954 vorbereitete
Ausgabe der Stücke im Aufbau-Verlag widerspiegeln. Die
verschiedenen Phasen dieser Umgestaltung werden zusam-
menhängend im Materialien-Band verzeichnet.*

Lesarten

Baal
von / Bert Brecht.

An meinen Freund Orge!
79, 21 tanzt!! *T**] tanzt!

Personen:
80, 2 lyrischer] Lyrischer
80, 6 Dechant] Déchant
80, 21 *Das Mädchen aus der Dorfschenke.*] *danach von T* gestrichen:* Ihr Verlobter.

Der Choral vom großen Baal.
81, 13 Schnapsbudicke] *so*
81, 19 i m m e r *T**] immer
83, 15 trottet *T**]trott sich *Schreibfehler für: »trollt sich«?*

Soirée.
84, 32 Whitman] Withmann *vgl. 1. Fassung; Lesart zu 13, 32*
86, 26 We.E.I.Eß.] We.I.Ess. *B* aus* Wer.I.Ess.
86, 35 Erde; *B**] Erde,
87, 2 f. ihr *eingefügt von B vor* seid
87, 3 ganz verderbt *m*] affen
87, 5 vor] voll
87, 21 *Weite.*] *Weite:*
87, 27 kopfschüttelnd] *Kopf schüttelnd*
88, 5 Philippi] Phillippi *vgl. 1. Fassung; Lesart zu 16, 14*

Baals Dachkammer.
89, 12 onyxglänzende] onixglänzende *vgl. 1. Fassung; Lesart zu 17, 18*

89, 14 f. erdbeerroten] Erdbeerroten *vgl. 1. Fassung; Lesart zu 17, 20 f.*

91, 14 knarrend *B**] knarzend

Branntweinschenke.
92, 4 Soirée] Soiree

94, 1 man *eingefügt von b* nach* indem

94, 4 frißt!] frißt!« *ein anderes Anführungszeichen fehlt*

94, 5 Bravo!] Brahvo!

94, 6 Sherry Brandy] *so; vielleicht zur Charakterisierung der Fuhrleute*

95, 9 Fettherz! *B**] Fettherzen!

95, 16 Madam] Madamm

Baals Dachkammer.
97, 13 f. Schwärmerei] Schwärmerein *vgl. 1. Fassung 22, 7 f.*

97, 14 f. gottgewollte] Gott gewollte

98, 3 spucken] *so (mundartlich)*

99, 19 *ihn*] *und vgl. 1. Fassung; Lesart zu 24, 11*

Baals Kammer.
100, 32 JOHANNA] ANNA *versehentlich ist diese Personenbezeichnung aus der entsprechenden Szene der 1. Fassung hier im Typoskript stehengeblieben*

Bäume am Abend.
103, 29 ANDEREN] ANDERN *so auch 104, 37; 105, 6*

105, 31 begräbt] *so (mundartlich)*

Höhlenartiges Blockhaus.
106, 10 f. Und *bis* kann. *angefügt von T*

Baals Kammer.
107, 27 es] er

109, 28 Tee] Thee

110, 6 Tang *T*] Tanz *vgl. 1. Fassung; Lesart zu 42, 12*

Bar.
110, 9 *Buffet*] *Bufet so auch 111, 3*

Nacht.

111, 27 f. Malaga] Malaya *wahrscheinlich Lesefehler*
112, 2 sich *B**] dich
112, 21 Dachlucke] *so (mundartlich)*

Hinter den Kulissen eines Kabaretts.

112, 29 *Beefsteak*] *Beafsteak so auch 114, 11; vgl. 1. Fassung: Lesart*
zu 49, 2
112, 31 *Couplet*] *Kuplet vgl. 1. Fassung; Lesart zu 49, 4*
113, 7 Geliebte *T*] Gedichte *wahrscheinlich Lesefehler*
114, 10 Ruh] *vgl. 1. Fassung 50, 11*
115, 20 Conférencier] Conférenzier *vgl. 1. Fassung; Lesart zu 49, 5*
116, 4 erstklassige] erstklasse

Nachtcafé.

116, 18 Nachtcafé.] Nachtcaffée. *vgl. 1. Fassung; Lesart zu 52, 20*
117, 3 Dechant! *T**] Dechant?
117, 4 f. hinter] *danach von T* gestrichen:* die

Gefängniszelle.

Ebene. Himmel. Abend.

121, 19 mitgehen] mit gehen

Hölzerne braune Diele. Nacht. Wind.

122, 29 in der Kiste (Hintergrund). *angefügt von T*
123, 1 *weint. T*] Mutter, ich fürchte mich so vor dem Wind.
von T gestrichen
123, 11 *weint. T*] *hinter ihr drein:* Ich fürchte mich so, Onkel.
von T gestrichen
123, 22 Spuck] *so (mundartlich)*
124, 38 MAJA] *fehlt*
125, 11 Er bittet Gott um Ruhe. *angefügt von T*
125, 15 Kind? *T**] Mädchen

125, 16 Herr.] *danach von T gestrichen:* Sie ist dreizehn.

125, 17 BETTLER *bis* man. *eingefügt von T*

126, 16 Mamma! *T*] Mutter!

126, 18 Sie? Sie sind Todeskandidat! *T*] Sie. Sie sind Todeskandidat?

127, 12 *Trollt sich zum Töchterchen hinter, T*] *zum Töchterchen*

127, 13 *Beugt bis* schmutzig ... *T*] Komm her, Du! .... Dreizehn bist Du? .... *von T gestrichen* 127, 13 und] u. *T*

127, 15 BAAL] *danach von T gestrichen: rutscht auf den Knieen zu
ihr*

127, 20 das Hemd *T*] den Rock

127, 23 vor] *danach von T gestrichen:* dreizehn

Landstraße, Sonne, Felder.

Dorfschenke. Abend.

130, 28 Stiere] Siere *auch die Lesung »Tiere« wäre möglich*

130, 28 trotten] tritten

Landstraße am Getreidefeld.

Grünes Laubdickicht.

Braune Landschaft. Regen.

134, 3 *schlägt T*] *schleicht*

134, 27 wärst *T*] wirst

134, 27 allein.] *danach von T gestrichen:* sein. Der Schuft wird Dich
unterhalten. Geht es d a herein?

134, 27 Hier *bis* Milch. *angefügt von T*

Ahorn im Wind.

135, 31 dich] Dich

137, 5 D e r *bis* L i c h t. *hervorgehoben von T*

137, 8 gekommen.] *danach von T gestrichen: sie trinken beide*

137, 13 *Weile*] *danach von T gestrichen:* wo man das Tanzen und
Dudeln hört
137, 17 *schaut in den Wipfel des Ahorns,* eingefügt von T

Diele am Abend mit offenen Fenstern.
137, 29 eckelts] *so (mundartlich)*

Die Kammer von Baals Mutter.

Bank in einer Anlage. Nacht.

Branntweinschenke.
142, 27 de-, demütig] de- demütig
142, 31 zwei, zw – ei,] zwei zw – ei
143, 9 *Luise kichert unterdrückt.* eingefügt von T
144, 4 Baal! *angefügt von T*
144, 12 *Türen*] *davor von T gestrichen:* Und

Landstraße. Abend. Wind. Regenschauer.
144, 18 GENDARM] GENSDARM *von hier an in dieser Szene immer so*

Weg durch eine Heuwiese.

Wald. Eine Bretterhütte.
146, 17 leben lassen] Leben lassen

Lebenslauf des Mannes Baal
[1926]

Entstehung

Die Nachrichten über die Entstehung dieser Fassung sind spärlich. Vermutlich gibt es für Brecht Ende 1925 zwei Gründe für die abermalige Umgestaltung des Baal-Stoffes – einen allgemeinen und einen besonderen. Er will eine von ihm schon geformte Figur umfunktionieren, sie den Bedingungen des technischen Zeitalters unterwerfen und mit ihr so seine neue Ansicht vom Theater demonstrieren, deren Grundlage die »unliterarische Tradition« ist, und er erhält durch Moritz Seelers »Junge Bühne« am Deutschen Theater, Berlin, die Möglichkeit, die distanzierende, »objektive« Darstellungsweise selbst dem Publikum vorzuführen.

Es ist deshalb anzunehmen, daß Brecht die Bühnenfassung eigens für diese Aufführung schreibt. Als Grundlage benützt er die 1922 (als dritte Fassung des Stücks) bei Kiepenheuer erschienene Buchausgabe des »Baal«. Nach vierwöchiger Probenzeit wird die »dramatische Biografie« am 14. Februar 1926 unter der Regie Brechts in einer Sonntags-Matinee uraufgeführt. Wenige Tage zuvor erschien im Januar-Heft der »Scene« ein fingierter historischer Bericht über »Das Urbild Baals«, der während der Proben, am 18. Januar, von Brecht verfaßt worden war.

Bei der Inszenierung arbeitet Brecht mit den Mitteln des epischen Rauchtheaters: Der »Vorspruch« zu Beginn des Stücks und die Szenentitel werden von einem Ansager im Smoking bekanntgemacht. Die Bühnenbilder hat der Freund Caspar Neher entworfen, die Hauptrollen werden gespielt von Oscar Homolka, Paul Bildt, Sybille Binder, Blandine Ebinger, Gerda Müller und Helene Weigel.

Die Premiere endet, wie schon bei der Aufführung des »Baal« 1923 in Leipzig, mit einem Skandal.

Beschreibung des Typoskripts

*Das Typoskript befindet sich im Besitz Elisabeth Haupt-
manns, Berlin. Die Kopie im Bertolt-Brecht-Archiv hat die
Nummern 2120/01–32.*
*Die 29 durchnumerierten Blätter sind in einen dünnen,
schwarzen Umschlag geheftet. Das ganze Typoskript war
quer gefaltet, jedes Blatt vor dem Einheften auf DIN-A 6-
Format zusammengelegt. Das Titelblatt trägt einen unleser-
lichen Namenszug, vielleicht den eines Schauspielers.*
*Das Typoskript ist »zum Zwecke der Aufführung vervielfäl-
tigt«, das »Recht der Aufführung« lag beim Gustav-Kiepenheuer-Verlag, Potsdam.*
*Der auf einer Maschine mit Geradschrift nicht ganz fehler-
frei getippte Text ist gelegentlich von Brechts Hand mit
Bleistift leicht geändert. Es ist nicht festzustellen, wann diese
Eintragungen vorgenommen worden sind, vielleicht sind sie
bei der Durchsicht des Textes 1954 erfolgt; denn Brecht wollte
damals diese Bühnenfassung als Anhang dem ersten Band der
Stücke beigeben. Sicher aus dieser Zeit stammt eine Hinzu-
fügung mit Kugelschreiber. Diese Textänderung und die mit
Bleistift sind bei der Edition berücksichtigt worden.*

Lesarten

Lebenslauf des Mannes Baal
Dramatische Biografie / von / Bertolt B r e c h t / (Bühnenbearbeitung des »Baal«)

158, 2 Da] Das
159, 28 Louise] Luise
160, 1 f. Sherry Brandy] *so; vgl. 2. Fassung 94, 6*
162, 23 DIE] D. *so auch 162, 28*

163, 21 Herr] Heer
164, 9 Fasern] Fasein
164, 30 *Raucht.*] *zu raucht?*
166, 21 dann *B*] denn
166, 26 aber *eingefügt von B*
166, 27 f. kontraktlichen *B*] kontraglichen *Schreibfehler, wahrscheinlich im Gedanken an »vertraglichen«*
166, 29 haben Sie *B*] hat man
168, 1 Ihnen *B*] ihnen
168, 22 f. Menschen, eine Künstlerin ein *B*] Menschen einen
168, 28 Allons, enfants *B*] Allons enfant
169, 15 7. Bild.] 6. Bild.
171, 3 8. Bild.] 9. Bild.
171, 6–8 Er ist *bis* Haut. *B*] Er ist das Einzige in diesem Land,
aber auch er berührt nur meine Haut.
171, 15 Ausblick *B*] Blick
171, 18 austauschbar *Kugelschreiber*] untauschbar
171, 21–24 Holz *bis* bleiben: *eingefügt mit Kugelschreiber*
171, 32 f. *Gedicht vom ertrunkenen Mädchen*] *im Typoskript erscheint der Text des Gedichts nicht; er wird eingefügt nach: Bertolt Brechts
Hauspostille. Berlin: Propyläen 1927. S. 120 f. Dort lautet der Titel* Vom ertrunkenen Mädchen.
172, 26 9. Bild.] *fehlt*
175, 8 Sophie] Sofie *von hier an in dieser Szene immer so*
177, 10 wäre *m*] würde
180, 31 DER] D. *von hier an in dieser Szene immer so*
180, 34 DIE] D.
181, 22 das *m*] ein

Gesamtausgabe der Werke Bertolt Brechts im Suhrkamp Verlag

Stücke

Schriften zum Theater

Gedichte

Prosa

1 1913–1948 Geschichten 1
Unveröffentlichte und nicht in Sammlungen enthaltene Geschichten ·
Eulenspiegelgeschichten
2 1930–1956 Geschichten 2
Kalendergeschichten · Geschichten vom Herrn Keuner · Flüchtlings-
gespräche
3 1933–1934 Dreigroschenroman
4 1938–1939 Die Geschäfte des Herrn Julius Caesar
5 1934–1956 Me-ti. Buch der Wendungen

Schriften zur Literatur und Kunst

1 1920–1932 Aus Notizbüchern · Über alte und neue Kunst · Radiotheorie · Der Dreigroschenprozeß
2 1934–1941 Kunst und Politik · Bemerkungen zur bildenden Kunst ·
Über Realismus
3 1934–1956 Anmerkungen zur literarischen Arbeit · Aufsätze zur
Literatur · Die Künste in der Umwälzung

Außerhalb der Gesamtausgabe erschienen im Suhrkamp Verlag

Versuche

1 Der Ozeanflug · Radiotheorie · Geschichten vom Herrn Keuner ·
Fatzer, 3
2 Aufstieg und Fall der Stadt Mahagonny · Über die Oper · Aus dem
Lesebuch für Städtebewohner · Das Badener Lehrstück
3 Die Dreigroschenoper · Der Dreigroschenfilm · Der Dreigroschenprozeß
4 Der Jasager und der Neinsager · Die Maßnahme
5 Die heilige Johanna der Schlachthöfe · Geschichten vom Herrn Keuner
6 Die drei Soldaten (mit Zeichnungen von George Grosz)
7 Die Mutter (nach Gorki) · Geschichten aus der Revolution
8 Die Spitzköpfe und die Rundköpfe
9 Mutter Courage und ihre Kinder · Fünf Schwierigkeiten beim
Schreiben der Wahrheit
10 Herr Puntila und sein Knecht Matti · Chinesische Gedichte · Anmerkungen zum Volksstück · Die Straßenszene · Die Ausnahme und
die Regel

Bibliothek Suhrkamp

edition suhrkamp

edition suhrkamp